Hellmuth Karasek

Vom Küssen der Kröten

und andere Zwischenfälle

| Hoffmann und Campe |

Die Glossen von Hellmuth Karasek erscheinen jeden Sonntag in der *Berliner Morgenpost* und am Montag im *Hamburger Abendblatt*.

1. Auflage 2008

www. hoca.de
Satz: Pinkuin Satz und Datentechnik, Berlin
Gesetzt aus der Minion Pro und der TheSans
Druck und Bindung: Friedrich Pustet, Regensburg
Printed in Germany
ISBN 978-3-455-40107-3

HOFFMANN
UND CAMPE

Ein Unternehmen der
GANSKE VERLAGSGRUPPE

Inhalt

Von Kröten und Fröschen, von Menschen und Lurchen

Eigentlich küsst man Kröten nicht – man schluckt sie als unangenehme Wahrheiten oder als leider notwendige Bedingungen bei einem Einigungsprozess (zum Beispiel in Politik oder Wirtschaft) hinunter. Nur Frösche küsst man – im Märchen, damit sie sich in Prinzen verwandeln. In der Realität ist es oft umgekehrt: Da küsst man einen Prinzen oder eine Prinzessin, oder vermeint sie zu küssen, und in Wahrheit ist sie, ist er, Frosch oder Fröschin, jedenfalls froschig, glitschig. Dann möchte man dem zum Frosch Geküssten zurufen: Sei kein Frosch.

Wer Frösche pseudokannibalisch zum Fressen gernhat, buchstäblich, ist Franzose und muss sich in England und vor allem in den USA den Kosenamen Froschesser gefallen lassen. Ist das schöner als »Kraut« (Deutscher) oder »Spaghetti« (Italiener) oder »Frites« (Belgier)? Jedenfalls ist der Mensch, was er isst. Auf einer Karikatur des Zeichners Gross, natürlich Amerikaner, sagt der wach geküsste Prinz, der ohne Beine auf einem Brett mit Rädern sitzt, zu der, die ihn wach geküsst hat und vor ihm steht: »Jetzt tut's dir leid!«

Wenn der Frosch schwimmt, wirkt er sehr menschlich. Wenn er aber singt, stört er sehr, weshalb empfindsame, hochadelige Damen in feudalistischen Zeiten ihre Leibeigenen auf die Froschteiche einschlagen ließen, während sie dem menschlichen Liebesgequake ihres Galans zur Laute lauschten – »Laut und Luise« nennt das Ernst Jandl.

Der berühmteste betrunkene Frosch ist Gefängniswärter in der »Fledermaus« – ein Lurch bei einem Flattertier.

Wenn einem die Stimme versagt, hat man einen Frosch im Hals, was oft passiert, wenn man eine Kröte schlucken musste. Gegen diesen Frosch hilft Räuspern oder ein Schluck Wasser; auf Englisch nennt man das »die Kehle säubern«, da sieht man's wieder!

Meine Glossen, die wöchentlich in der »Berliner Morgenpost« und im »Hamburger Abendblatt« erscheinen, hüpfen der Zeit wie im Froschsprung hinterher und sind meist aus der Froschperspektive geschrieben. Das heißt, sie quaken die Welt mit leicht vorquellenden Augen von unten an. Als Ergebnis wünsche ich mir spöttische Leichtigkeit, die klein erscheinen lässt, was sich groß spreizt. Die Froschperspektive folgt dem lateinischen Sprichwort: »Quamquam sunt sub aqua, sub aqua maledicere temptant.« Das ist lautmalerisch, von Ovid und heißt: »Selbst beim Untertauchen oder Untergehen quaken die Frösche üble Nachrede.«

Eben Glossen.

Von Heiligen und Tierpatenschaften

»Schotts Sammelsurium« stürmt die Bestsellerlisten in Deutschland

Wir alle wissen, wenn wir es denn als fromme Heiden und aufgeklärte Christen, die wir sind, wissen wollen, dass St. Florian der Schutzpatron der Feuerwehrleute ist. Aber wissen wir und wollen wir wissen, wer der Schutzheilige der Friseure ist? Nein, nicht Udo Walz, wie mancher Berliner vermuten könnte. Denn solange man lebt, kann man nicht heilig, ja nicht einmal selig sein – weshalb früher der verstorbene Ehegemahl von der Witwe der Selige genannt wurde. Der Patron der Friseure aber ist: St. Ludwig. Und der der Taxifahrer? St. Fiacrinus. Und der der Radiosprecher? Erzengel Gabriel.

Woher wir das alles wissen? All das, was wir nicht wissen müssen, vielleicht auch nicht wissen wollen, also alles, was uns nix nützt, uns nicht weiterbringt, was überflüssig ist, was bei keiner Fahrprüfung, keinem Verfassungseid, keinem Mediziner-Examen gefragt wird?

Zum Beispiel die Namen und Lebensdaten der berühmtesten Kastraten (das sind oder waren Sänger, die nicht dank natürlicher Gaben hoch singen können) oder die Umstände der seltsamen Todesfälle in einem asiatischen Herrscherhaus. Oder was Tierpatenschaften in einem Zoo kosten. Ein Sattelschwein pro Jahr bei Hagenbeck in Hamburg zum Beispiel 160 Euro. Oder. Oder. Oder?

Die Antwort ist einfach. Wir wissen es aus »Schotts

Sammelsurium«. Ben Schott, ein leidenschaftlicher Brite, der so herrliche Nationaleigenschaften wie den Spleen, die Exzentrik, den Hang zum Nonsens, die Sammelleidenschaft für das Nutzlose, Abseitige vereint, kurz, der ein Bildungssnob ist, hat dieses Lexikon zusammengestellt. Das Schöne ist, man kann es nicht einmal als Lexikon benutzen, weil es keine (alphabetische) Ordnung aufweist.

Herrlich, ein Lexikon, das nicht zu gebrauchen ist – und doch Spaß macht. »Schotts Sammelsurium« wird sogar die Nummer eins der »Spiegel«-Bestseller-Liste, ausgerechnet als »Sachbuch«. Ein Sieg über alle Sachzwänge, über alles Wissenswerte, PISA verkehrt. Die Deutschen haben den Engländer in sich entdeckt. Gratulation!

Schnell, schneller, am schnellsten?

Von heute an braucht der ICE nur noch 90 Minuten von Hamburg nach Berlin

Erinnert sich noch jemand, was der Transrapid sein sollte? Die Antwort: die schnellste Verbindung zwischen Berlin und Hamburg, Hamburg und Berlin. In einer Stunde, sprich: 60 Minuten Fahrzeit, hätte er aus Hamburg eine Berliner Vorstadt und aus Berlin eine Hamburger Vorstadt gemacht, je nach Blickwinkel.

Der Transrapid war einer der hochfliegenden – oder soll man besser sagen, pfeilschnell fahrenden – Blütenträume, die nach der deutschen Wiedervereinigung dem optimistischen Motto gehorchten: Jetzt ist nichts mehr unmöglich. »Wahnsinn« hieß die Devise.

Inzwischen fährt der Transrapid zwischen Shanghai und dem Flughafen von Shanghai. Und China ist das Land, in dem (scheinbar? anscheinend?) nichts mehr unmöglich ist.

Warum mir das heute einfällt? Weil von heute an der ICE zwischen Berlin und Hamburg und Hamburg und Berlin in 90 Minuten von Bahnhof (Hamburg-Hbf.) zu Bahnhof (Berlin-Zoologischer Garten) rast.

Das ist herrlich, das ist schön, prima, klasse, geil – vor allem für die, die sich daran erinnern, wie sich in DDR-Zeiten die Züge in vier Stunden über die Interzonen-Strecke quälten. Eineinhalb Stunden, das ist schneller als der legendäre »Schienenzeppelin« (98 Minuten) von 1931 oder der »Fliegende Hamburger«, der es auf zwei Stunden und 18 Minuten brachte – bis 1939.

Danach begann die Politik zerstörerisch zu rasen, Hitler schaffte 1000 Jahre in knapp fünf Kriegsjahren. Der Kalte Krieg danach verlangsamte die Fahrt bis fast zum eingefrorenen Stillstand.

Wir könnten heute also, am 12. Dezember, jubeln. Über die wieder erreichten anderthalb Stunden.

Aber dass wir sie erst heute erreicht haben, während Züge in diesem Tempo seit Jahren, zwischen Köln und Frankfurt beispielsweise, dahinflitzen, hängt mit dem Transrapid zusammen – einem welken technischen Blütentraum. Wegen der Hoffnung auf ihn musste der ICE warten.

Geldmangel, Wirtschaftskrisenjahre, mangelnder Mut und Investitions-Pessimismus, Skrupel einer ängstlichen Umweltpolitik haben den Transrapid inzwischen aus der Fortschrittstraumwelt der Deutschen gestrichen. Wir sind ja auch so schnell genug, nicht wahr!

Die Schönheit der Berliner Weihnacht

Warum man Gewissensbisse hat, das Fest der Feste in der Sonne zu verbringen

24. Dezember 2004

Vergangenes Jahr war ich kurz vor Weihnachten noch in Rio. Ich erzähle das nicht, um mir und Ihnen im tristen Dezemberwetter den Mund wässrig zu machen nach der Sonne, der Copacabana, dem Zuckerhut … Im Gegenteil. So schön die Sonne brannte, der Strand hell war und ein großzügiger Christus seine Arme über diese sündig-schöne, pulsierende Stadt ausbreitete – ich hatte ein schlechtes Gewissen, ja fast so etwas wie ein Schuldgefühl, wie ein Deserteur von der heimatlichen Weihnachtsfront!

Vor allem, als ich in der subtropischen Glut einen Weihnachtsmann zu Geschäftszwecken im dicken roten Mantel mit weißem Wattebart vor den Geschäften wanken sah und in der Zeitung las, in Miami Beach habe einige Weihnachtsmänner der Hitzschlag getroffen – die Gegend ist eher für den Tanga als den dicken Weihnachtsmann-Mantel geeignet – der Tanga wohlgemerkt weder für mich noch für den Nikolaus, Gott bewahre! Ich sah einen geschmückten großen Weihnachtsbaum aus Sperrholz, die Kerzengirlanden wirkten blass in der tropischen Sonne. Ich war froh, als ich, kurz vor Toresschluss, wieder im dunklen Deutschland landete.

Warum ich das erzähle? Weil ich beim Anblick der wunderbaren Berliner Weihnachtsbeleuchtung am Kudamm, Tauentzien und Unter den Linden weiß, wo Weihnachten für unsereinen hingehört. Klar geht's bei der Illumination, die so schön ist in Berlin, dass sie ihresgleichen sucht (und kaum finden könnte), auch um Konsumanreiz, um Konjunkturankurbelung. Na und?! Ich glaube, dass es die Dunkelheit um die Wintersonnenwende ist, die Weihnachten hier, im feuchtkalten Norden, einen besonderen Reiz verleiht. Das Licht, die Lichter, die wir uns anstecken, geben uns Glanz und Licht im Dunkeln – ob wir das wissen, wissen wollen oder nicht. Es gibt Symbole, die sind heimatlich und überdauern alle Veränderungen. Die prahlen und glitzern mit tausend Lichtern. Und man merkt die Absicht und ist trotzdem gerührt. Nicht geschüttelt und nicht verstimmt.

Öffentliche Geheimgespräche

Über die Intendantensuche des Kultursenators und das Land der unbegrenzten Möglichkeiten

16. Januar 2005

Natürlich hätte man sich letzte Woche auch wieder darüber beeindruckt zeigen können, wie Berlins Kultursenator Thomas Flierl die Intendantensuche für das Deutsche Theater in mehreren Geheimgesprächen in möglichst öffentlichen Räumen (sprich: Cafés und Restaurants) fortgesetzt hat. Er ist dabei seiner freiwillig und selbst gewählten Rolle treu geblieben: der vom Elefanten im Porzellanladen.

Doch ein anderer Vorfall hat mich weitaus mehr amüsiert, vor allem, da er sich nicht auf Kosten Berlins abgespielt hat, sondern in den USA, immer noch das Land der unbegrenzten Möglichkeiten, vor allem, was den Einfluss der Juristen, sprich: Anwälte, auf das öffentliche, halböffentliche und private Leben anlangt.

Also: Da standen in einer Schlange, die auf Einlass zu einem Prozess wartete, zwei Leute, die sich die Wartezeit mit Scherzen vertrieben. Aber vielleicht waren es auch zwei Prozessbeteiligte, denn der eine (oder die eine) fragte die andere (oder den anderen) woran man denn erkenne, dass ein Anwalt nicht lüge. Nicht! Und er gab sich selbst die Antwort: Wenn der Anwalt nicht die Lippen bewege.

Die Geschichte wäre wohl nicht in die Zeitungen gekommen, wenn ein Anwalt die beiden wegen dieses und ähnlicher Witze nicht verklagt hätte. Hat er aber. Man fragt sich, ob sich ein Berufsstand kollektiv beleidigt fühlen kann, etwa wie geografisch alle Schotten oder Schwaben, wenn man sagt, sie seien geizig. Ich sage das, da viele Schwaben in Berlin leben, vorsichtshalber nur von den Schotten, während ich von den Schwaben nur behaupte, dass sie sparsam sind. Alle.

Aber vielleicht waren die Amis (»Read my lips!« heißt es dort, wenn man will, dass einem geglaubt wird) selber Advokaten. Dann käme einem die logisch-philosophische Falle der ollen Griechen in den Sinn, bei der ein Kreter die Behauptung aufstellt: »Alle Kreter sind Lügner!« Sie wissen schon, wie's weitergeht: Lügt er nun mit dieser Behauptung, weil er ein Kreter ist, dann sind die Kreter keine Lügner, na, und so weiter. Man darf gespannt sein, ob es in den USA zur Klage kommt. Und wie der Schadensersatz aussieht. Und ob den alle Anwälte bekommen, die, wenn sie den Mund aufmachen, nicht lügen?

Kapitaler Bock der Sprachhüter

Über das Unwort des Jahres 2005 »Humankapital«

Pünktlich im Januar wählte die Darmstädter Akademie für Sprache und Dichtung das Unwort des Jahres. Pünktlich, aber auch treffsicher?

Das Unwort heißt »Humankapital«, also »Menschenkapital«. Mir ist dabei nicht wohl. Denn die Sprachheger, die dieses Wort als Unkraut aus ihrem Sprachgärtlein jäten wollen, verraten damit einen eher säuerlichen, zumindest wohlfeilen Impetus sozialer Betroffenheit. Menschen und Kapital, fragen sie? Darf das sein?

Das Wort war zunächst, auch beim Kapitalismus-Kritiker Marx, neutral, seine Arbeiter schufen mit ihrer Arbeitskraft den »Mehrwert«, an dem Marx monierte, dass er ihnen nicht blieb. Aber das »Menschenkapital« hatte Sklaven- und Feudalbindungen abgelöst, und die den Kapitalismus abzuschaffen vorgaben, schufen staatskapitalistischen Terror.

Immer schon, wo Menschen sich frei zu entwickeln trachteten, sahen sie in ihren »Anlagen« ihr Kapital, ihr geistiges Kapital, schon die Bibel schrieb, dass man mit »seinen Pfunden wuchern solle«, und meinte damit gewiss nicht Abkehr von Diätvorsätzen, sondern Entwicklung der »Talente«, »Begabungen« – kurz, die Entwicklung des wichtigsten Kapitals, das der Mensch hat – seine Arbeitskraft. In einer Welt, in der uns Maschinen die körperlichen Leistungen abgenommen haben, ist dieses »Menschenkapital« die Fähigkeit und Möglichkeit, sich geistig zu entwickeln und zu entfalten.

Seit PISA wissen wir, dass es auf das Talent und dessen Entwicklung ankommt. Und »Talent« war in der griechischen Antike – das Wort kommt von Waage – ursprünglich die höchste Geldeinheit.

Wie hatte Nestroy geseufzt? »Die Phönizier haben das Geld erfunden – aber warum so wenig?« Das gilt sicher auch für das Potenzial, das wir weiter Menschenkapital nennen wollen. Die Sprachhüter haben offenbar einen kapitalen Bock geschossen.

Der Preis ist immer noch »right«

Über die Beständigkeit und Nachhaltigkeit im Fernsehen

6. Februar 2005

Im Herbst 1981 war ich mit meiner Frau, die damals noch meine Freundin war (was sie, hoffentlich, immer noch ist) in den USA an der Ostküste. Wir hatten in New York Woody Allen interviewt und machten ein paar Tage Ferien am Cape Cod.

Und um zehn Uhr vormittags lief jeden Morgen auf CBS »The Price is Right« – eine Sendung, in der kreischende Leute, durch ein Los ausgesucht, in mehreren Kombinationsspielen die richtigen Preise für Autos, Gartenmöbel, Porzellan, Wohnwagen, Teppiche oder Küchengeräte raten mussten. Damals war das Privatfernsehen in Deutschland noch unterbelichtet. Und so delektierten wir uns an den vor Freude in ihrer Freizeitkleidung Hüpfenden, die die Glückschance bekamen, Waren im Tausenderwert zu gewinnen, wenn, ja wenn sie nur den richtigen Preis errieten.

Der Mann, der die Glücklichen auswählte und ausrief – aufheulend wie einer, der Box-Champions ausruft –, trug eine abenteuerlich karierte Jacke, das Publikum war außer Rand und Band, und die Kandidaten küssten den Moderator vor Freude darüber, dass sie mitraten durften, auf die Wange.

Aber im Unterschied zu all den kreischenden, unbekümmerten Kaufrausch-Lärmenden war der Moderator

Bob Barker ein distinguierter grauhaariger Herr, ein Gentleman mit schmalem Kopf, schmalem Körper, elegantem Anzug.

Mensch, sagte meine Frau und damalige Freundin, den habe ich schon 1976 gesehen! Und in der Tat wirkte Bob Barker schon wie der berühmte ältere Herr, ein Roué. Jetzt, 2005, in Los Angeles, macht meine Frau im Hotel den Fernseher an, ruft mich aus dem Bad und sagt: »Du wirst es nicht glauben …!« Und da war »The Price is Right«, und die Teenies und Hausfrauen kreischten wie eh und je. Und Barker, schlank, fast schon ein bisschen klapprig, inzwischen weißhaarig – und ich möchte schwören, weit über achtzig! –, wurde immer noch von den Gästen auf die Wange geküsst.

Es war die Woche, in der Johnny Carson starb. Aber »The Price is Right« funktionierte immer noch in alter Besetzung. Es war, als ob Robert Lembke gefragt hätte – jetzt, 2005 –: »Welches Schweinderl möchten Sie?« In der Politik heißt dergleichen Nachhaltigkeit.

Ein Leben ohne Aschermittwoch

Wie ich einen ganzen Tag im
Stillen Ozean verlor. Einfach so.

Dieser Aschermittwoch war für mich ein ganz besonderer. Und das, obwohl ich als langjähriger Hamburger und langlebiger Berliner mit Fasching respektive Karneval nicht viel am Hut und also noch weniger an der Narrenkappe oder Pappnase habe. Zwar weiß ich: Wo in der weiten Welt auch nur drei Kölner, zwei Mainzer oder ein Düsseldorfer versammelt sind, da wird (Alaaf! und Helau!) gnadenlos Rosenmontag begangen. So auch, wenn man, sagen wir mal, rund 9920 Meilen von Köln entfernt ist. Aber lassen wir das.

An diesem Aschermittwoch 2005 also habe ich das strikteste Fastengebot – Karneval heißt ja, nach einer etwas zweifelhaften Volksetymologie, Fleisch ade! – mit Schlag Ende Faschingsdienstag in Kraft gesetzt. Am Aschermittwoch kein Fleisch, ja auch kein Brot, kein Gemüse und Obst. Auch keinen Obstler, keinen Wein, kein Bier, nicht einmal Wasser. Und auch sonst nix. Überhaupt nix. Fleisch ade! Keine Zigarre, keinen Terz, keine Völlerei und auch sonst absolut nichts. Nichts! Niente! Nothing! Rien ne va plus! Der Aschermittwoch fiel einfach aus. Auf Dienstag, den 8. Februar, folgte gleich Donnerstag, der 10. Februar. Aschermittwoch, den 9., gab's einfach nicht. Und das kam so: Ich flog nach Kalifornien, da war es auf einmal neun Stunden früher, als es in Köln war. Dann kam Hawaii, da waren es zehn Stunden. Die Bundesliga-Ergebnisse wusste ich schon Samstag früh. Und das ganz ohne Schiedsrichterbestechung, weil die Deutschen mir einen Tag voraus waren. Schließlich, auf hoher See, waren es elf Stunden. Und am Dienstag endlich gar zwölf Stunden.

Zwölf Stunden! Da ich meine Uhr nicht verstellt hatte, stimmte die Zeit auf einmal wieder. Nur dass 12 Uhr mittags auf dem Schiff in der Südsee 12 Uhr nachts in Deutschland waren. Aber das kratzt eine Uhr nicht.

Und an dem Tag, der Aschermittwoch sein sollte, erreichten wir die Zeitgrenze; 13 Stunden. Aber das hält keine Uhr aus. Und so springt sie. Statt 13 Stunden später war ich auf einmal elf Stunden früher. Und dieser Tatsache fiel der Aschermittwoch zum Opfer. Einfach so. Zuerst hatte ich zwölf Stunden gewonnen. Jetzt einen Tag verloren. Einfach so. Um wieder früher zu sein. Und so muss ich am Donnerstag, der auf den Dienstag folgt, für zwei Tage essen, trinken, schlafen etcetera. Fleisch ade! Achtung?

Ein Präsident zum Greifen nah

Über George W. Bush, ein menschenleeres Mainz und ein Bad in der Menge in Bratislava

27. Februar 2005

Allen Freundschaftsbeteuerungen zum Trotz: Mainz glich während des Besuchs von George W. Bush und seiner Frau Laura einer Stadt im Ausnahmezustand. Leere Plätze und leere Straßen, gesperrte Autobahnen, abgeriegelte Zufahrten. Dazu im Fernsehen missmutige Deutsche, die sich ärgerten, dass sich der US-Präsident bei seinem Deutschland-Besuch für sie nur als verdrießliches Verkehrshindernis darstellte.

Mainz und Bratislava. Wie wenig sich die Bilder Bushs gleichen. Mainz galt es, so der Fernseheindruck, weiträumig zu umfahren und für die Mainzer, bei geschlossenen Fenstern und Türen möglichst zu Hause zu bleiben. Außerdem schneite es. Auch das noch! So kamen der Präsident und seine Frau mit den Deutschen nicht in Kontakt, sieht man von Thomas Gottschalk ab, der mit den beiden speisen durfte. Und als Frau Bush zur Gutenberg-Bibel durch die leer gefegte Stadt ging, gellten ihr aus einer Nebenstraße Pfiffe und Buhrufe entgegen – Ami go home!

Na ja, dachte ich, das Sicherheitsbedürfnis im Terroristenzeitalter, da geht halt nichts mehr. Kein Bad in der Menge, kein Ruf »Ick bin ein Börliner!«, kein Mainz, wie es singt und lacht.

Umso erstaunter sah ich die Fernsehbilder am nächsten

Tag, als Bush in Bratislava (Pressburg) von einer begeisterten Menge umgeben war, ihm Menschen zujubelten, er Hände schüttelte, die Menge anstrahlte – alle Sicherheitsmaßnahmen schienen hier überflüssig. Die Osteuropäer feierten Bush als das, was er für sie ist – als Befreier aus dem Würgegriff Russlands und der Sowjetunion. Und der amerikanische Präsident konnte sich in diesem Gefühl aufgehoben und geborgen wissen. Und er konnte Präsident Putin offen mahnende Worte über die gefährdete russische Demokratie sagen. Hier ist beispielsweise der Wahlputschversuch in der Ukraine – dank Russland – noch frisch im Gedächtnis.

Und in Deutschland? Eine Mehrheit traut Putin hier mehr zu als Bush, was Freiheit und Demokratie betrifft. Verkehrte Welt? Auf den Kopf gestellt? Ja, fragt sich nur, wer!

Erdolcht, erschossen oder einfach vom Stuhl gekippt?

Das politische Ende von Heide Simonis oder warum man aus einer Wahl kein Mordsspektakel machen sollte

Von einem »Dolchstoß«, gar einem »hinterhältigen Dolchstoß«, fühlt sich Heide Simonis, Schleswig-Holsteins Ministerpräsidentin, gemeuchelt. Und der Kanzler, der rostig scheppernde Metaphern gern ins Drastisch-Plastische übersetzt, zeigte sich traurig, dass einer »großartigen Frau das Messer in den Rücken gerammt worden ist«. Platsch! Da hört man das Blut spritzen.

Der Dolchstoß, das wissen wir, ist Deutschlands beliebteste, ureigenste Metapher für Verrat, der hinterrücks und meuchlerisch begangen wird. Er stammt aus dem Nibelungenlied, Deutschlands ureigenster Sage, in der Siegfried, der strahlende Held, von Hagen, dem rankünereichen Finsterling (Mario Adorf zum Beispiel), durch den Speerstoß in den Rücken ermordet wird. Das Gegenstück zum Dolchstoß ist die Nibelungentreue, also der kollektive Untergang, den Frau Simonis vielleicht in masochistischer Selbstverliebtheit beschwören wollte, indem sie ihren Rücken gleich vier Mal ungeschützt ihrer Fraktion bot.

Die Metapher vom Dolchstoß ist längst selbst zu einem politischen Dolchstoß geworden: indem Hitler nach dem verlorenen Ersten Weltkrieg die »Dolchstoßlegende« fanatisch begierig propagandistisch aufgriff. Sie besagte, die korrupte Heimat sei in Gestalt von Verrätern den standhaft siegreichen deutschen Heeren in den Rücken gefallen. Mit dieser Verrats-Legende meuchelte Hitler erst die Weimarer Republik und zog sein Volk mittels einer grässlich eingeforderten Nibelungentreue in die Katastrophe von 1945.

Wir wollen nicht übertreiben. So schlimm wird's im Norden Deutschlands nicht kommen. Und eigentlich sollte man von der Verfassung bewusst vorgesehene Möglichkeiten, also geheime Wahlen in Parlamenten, nicht mit Meuchelmord vergleichen. Wie, wenn die Verfassung da auch den einzelnen Abgeordneten, sein Gewissen, dem er doch allein verantwortlich ist, vor dem Überdruck, der Big-Brother-Übermacht der Partei und ihrer sogenannten Disziplin zu schützen trachtet?

Denn erinnern wir uns: Frau Simonis hätte ihr Amt, wäre es mit rechten Dingen zugegangen, schon nach der Wahl durch die Bevölkerung verloren. Sie musste in ihrer Partei mächtig Druck für ihr verzweifeltes Himmelfahrtskommando »Wiederwahl« machen. Jetzt klagt sie über Dolche und Pistolen. Sie sei hinterrücks »erschossen« worden. Von hinten durch die Brust. Ein politischer Selbstmord der dritten Art.

Nicht durch den Dolch ist sie gefallen, sondern weil sie verzweifelt an ihrem Stuhl klebte, als der unweigerlich umfiel. Sie ist einfach abgewickelt worden. Punkt.

Gevatter Tod auf allen Fernsehkanälen

Über öffentliches Sterben, die Qual der Zuschauer und die Grenzen medizinischer Allmacht

3. April 2005

In den vergangenen Tagen war im gnadenlos grellen Rampenlicht der Öffentlichkeit das langsame, qualvolle Sterben des Papstes zu beobachten. Der Tod Terri Schiavos, die jahrelang im Koma lag, von der Gnade und Ungnade medizinischer und juristischer Entscheidungen am Leben erhalten, erregte die Gemüter. Und das gnädige Erlöschen des begnadeten Entertainers Harald Juhnke nach einer Agonie des unwürdigen Leidens machte die Grenzen medizinischer Allmacht deutlich.

Die Maschine und die Drogen, die chirurgischen Radikalschritte, die Fürsorge, die Qual und die Ohnmacht der zum längeren Leben Verurteilten und endlich durch den Tod Begnadigten führen den Zuschauern weltweit Fluch und Segen einer Medizin vor, die alles kann. Fast alles.

Mir ist in diesem Zusammenhang das Märchen der Gebrüder Grimm vom »Gevatter Tod« eingefallen. Da findet ein armer Mann keinen Paten für sein Neugeborenes, bis sich der Tod erbarmt und den Kleinen als Patenkind annimmt. Dieser Pate macht dem Patenkind ein Patengeschenk und lässt den Heranwachsenden zum Arzt ausbilden. Und der junge Mann wird zum berühmten Mediziner. Dank seines Gevatters kann er nämlich sehen, ob ein Kranker sterben muss oder nicht. Er sieht den Tod am Krankenbett. Steht der am Kopfende, so kann der

Arzt ihn, »keck«, wie das Märchen erzählt, retten. Steht der Sensenmann am Fuß des Bettes, ist alle medizinische Kunst vergebens. Modern ausgedrückt, der Tod macht sein Patenkind zum besten Diagnostiker.

Eines Tages wird der Patensohn zum König gerufen, der sterbenskrank daniederliegt. Und in der Tat, der Tod steht am unteren Bettende. Da der König dem Retter seine Tochter versprochen hat, wendet der Arzt einen Trick an: Er dreht einfach das Bett um, der König kann von der Krankheit genesen, der Arzt bekommt die Prinzessin zur Frau. Der Tod sagt ihm: »Das mach nicht noch einmal!«

Doch als seine geliebte Frau, die Prinzessin, todkrank ist, dreht er in heller Verzweiflung wieder das Bett um. Und wird darauf von seinem Gevatter, dem Tod, zur Strafe heimgeholt. Ich finde, das Märchen passt nur zu gut zu den ausgelebten Allmachtsfantasien der heutigen Medizin.

Freuden und Schrecken des Tourismus

Über einen neuen Reiseführer, der zum Kultbuch wird

17. April 2005

Neulich bin ich mit meinem Sohn von Wien in ein ehemaliges Ostblock- und heutiges EU-Land gefahren, das 60 Kilometer entfernt irgendwie zwischen Ungarn, der Slowakei, der Ukraine, Weißrussland und Lettland liegen muss. Wir fuhren in die Hauptstadt B., kamen aber nicht zur schönen Altstadt, da wir uns mangels Verkehrsschildern in Vorstädten verfahren haben. In einem Lokal bekamen wir in einem aufgeschnittenen Brot etwas Gulaschähnliches. Schrecklicher waren nur die folkloristischen Wandgemälde. Auf der Rückfahrt verfuhren wir uns auf pfützenüberfluteten Autobahnen und kamen durch drei weitere merkwürdige Staaten.

Jetzt, danach, habe ich einen Reiseführer gefunden, der von Molwanîen handelt. Da muss ich gewesen sein. Ich habe inzwischen entdeckt, dass dieses Buch bei vielen Freunden ein Kultbuch ist. Im Untertitel heißt Molwanîen »Land des schadhaften Lächelns«. Auf dem Titelbild grinst ein zahnloser Mann mit räudiger Pelzmütze, er hält dem Betrachter ein Wasserglas mit Methylfusel entgegen.

Das Buch ist ein Reiseführer der schrägen Art, enthält all den Unsinn, historischen Schrott und pseudokulturelle Abrisse über Land und Leute, wie sie auch übliche Reiseführer enthalten. Ein Akkordeonspieler begrüßt den Leser mit »Szlengro!«, was »Willkommen« heißt. Die Landesflagge ist die molwanîsche Trikolore, insofern einzigartig, als sie nur über zwei Farben verfügt. Als einzige eines früheren Sowjetstaats trägt sie Hammer und Sichel, aber durch einen Pfeil gekreuzt.

Die letzte Strophe der Nationalhymne wird nicht gesungen wegen der Zeile: »Wir jagen die verfluchten Zigeuner aus dem Land.« Das Schwein, so heißt es weiter, gilt allgemein als Molwanîens Symbol. Die »Tiere« dürfen nur von Montag bis Samstag geschlachtet werden. Die Schweine liefern Fleisch, Milch und – in entlegenen Gebieten – Gesellschaft. Geldautomaten werden mit der Kurbel betrieben. Schlafen darf man in ehemaligen Armeegebäuden. Die Straßenbahnen sind gasbetrieben.

Kurzum: Das Buch vereint alle Freuden wie Schrecknisse des Tourismus in den neuen EU-Staaten.

Geld allein macht nicht unglücklich

Über die Kunst des stilvollen und stillosen Verarmens

15. Mai 2005

Wussten Sie, was ein Paradox ist? Ja? Ich werde es Ihnen dennoch erklären.

Es gibt da einen Kollegen, Alexander Graf von Schönburg-Glauchau, der verlor seinen Job als Gesellschaftskolumnist bei einer großen Zeitung, wurde also arm, und schrieb darüber ein Buch: »Die Kunst des stilvollen Verarmens«. Prompt wurde das Buch des stilvoll Verarmten ein Knüller, ein Bestseller, verkaufte sich hunderttausendfach, und der Arme wurde wieder reich. Übrigens wäre er auch verarmt nicht allzu tief gefallen, hat er doch zwei Schwestern, die Milliardärinnen sind. Die hätten ihn, wäre er vor ihren Zinnen als Clochard aufgetaucht, bestimmt nicht stillos mit einer Magnumflasche Sekt begossen.

Aber so ist es schöner. Selbst ist der Mann, selbst der Graf! Und das Buch liest sich so, dass wir dem Autor den Neureichtum gönnen. Man gönnt sich ja sonst nichts! Lieber reich und gesund als arm und ehrlich.

Mir fällt dazu die Geschichte vom Schnorrer ein. Schnorrer waren verarmte Hochwohlgeborene, die niedrige Berufe wie den Broterwerb durch Arbeit scheuten und lieber Reichgebliebene ihresgleichen anpumpten. Und ein solcher hatte den Baron Rothschild in Wien erfolgreich angepumpt. Und als Rothschild am Abend zufällig im gleichen Restaurant essen wollte, sah er den Pumper Kaviar und Champagner schlemmen und machte ihm Vorhaltungen. Darauf der Gescholtene gekränkt: »Wenn ich kein Geld habe, kann ich keinen Kaviar essen! Wenn ich Geld habe, darf ich keinen Kaviar essen. Wann also soll ich Kaviar essen?«

Eine gute Frage, die sich auch Ferfried von Hohenzollern mit seiner stilvoll aufgepumpten Tatjana Gsell gestellt haben mag, als sich seine Scheckkarte bei einem Edel-Italiener als ungedeckt erwies. Es geht auch so. Nobel geht die Welt zugrunde. Oder: »Wie man stillos verarmt!«

Wowereit und »Wowi«

Über den Bürgermeister,
der durch Nichtregieren Berlin regiert

22. Mai 2005

Berlin wird, wenn überhaupt, von zwei Bürgermeistern regiert. Der eine ist der Regierende Bürgermeister Klaus Wowereit, Herr einer rot-roten Koalition. Der andere heißt »Wowi«, weiß, dass das auch gut so ist, dass er so heißt, wie er ist, und herrscht mittels der Flughoheit über die Klatschspalten und Berliner Nächte, die bekanntlich lang sind. Für sie gilt die von Frank Zander getextete Hertha-BSC-Hymne: »Nur nach Hause, nur nach Hause, nur nach Hause geh'n wa nich!«

Einer von beiden, »Wowi« oder Wowereit, ziert zu Recht die Titelseite des »Time Magazine«. Wowereit versucht, Berlin nach dem Motto zu regieren: »Versuch mal, einem nackten Mann in die Tasche zu greifen.« Da das nicht geht, regiert »Wowi« nach der Devise: »Am besten gar nicht.« So hat er auch seinen Terminplan zur streng geheimen Privatsache erklärt, die niemanden, ausgenommen die Gesellschaftskolumnisten, etwas angeht.

Wowereit überlässt also das Nichtregieren »Wowi«, der das glänzend beherrscht: Er ist Partykönig, Medienstar, Traumtänzer und Frauenliebling. Während sein Koalitionskollege Flierl bundesweit, ja europaübergreifend die roten Socken einzusammeln sucht, steckt »Wowi« einer verblühenden Schönen die Zunge weit in den Hals. Öffentlich. Das ist für beide gut, denn solange sie sich den Mund küssend verschließen, müssen sie ihn halten und können nix Falsches sagen, zum Beispiel bei historischen Quizfragen. Jetzt hat Wowereit, wo er viel hätte sagen müssen, nämlich bei der Eröffnung der Berliner Akademie eine Rede halten, abgesagt. Stattdessen ging er lieber als »Wowi« zu Hertha: »Nur nach Hause geh'n wa nich!«

Und hat er nicht recht? Sogar Recht? Müsste er sich da nicht das Gezetere des von Zeit zu Zeit überschäumenden Hochhuth anhören, der die Tatsache, dass die Berliner Akademie einen Teil ihres Grundstücks an das »Adlon« verscherbelt hat, für das schändlichste Verbrechen hält, das in Berlin seit dem Zweiten Weltkrieg begangen wurde? Oder so ähnlich. Wo doch Wowereit bekanntlich gar nicht weiß, wann der Zweite Weltkrieg zu Ende gegangen ist. Und ob überhaupt.

Da ist »Wowi« dann eben besser zu Hertha BSC gegangen. Obwohl er jetzt weiß, dass auch die definitiv nicht in der Champions League spielen, geht er noch lange nicht nach Hause. Auch ich hätte mich wie »Wowi« entschieden. Für das 0:0 und gegen die Akademie.

Ja zum Nein

Über die Ablehnung der EU-Verfassung in Frankreich und den Niederlanden

5. Juni 2005

Was für eine Woche! China schmettert vor den Vereinten Nationen Deutschlands Wunsch nach einem ständigen Sitz im Weltsicherheitsrat ab. Frankreich und die Niederlande stimmen mit »Non« und »Nee« gegen Europa, zumindest gegen die europäische Verfassung. Und Präsident Putin lässt den Oligarchen Chodorkowski, der sein einflussreichster politischer Widersacher zu werden drohte, enteignen und für neun Jahre ins Arbeitslager werfen.

In meine Enttäuschung über diese Ereignisse der Woche mischt sich auch Erleichterung, ja eine gewisse (Schaden-)Freude. Es geht zwar, so denke ich, nicht gerecht und nicht unbedingt mit rechten Dingen in der Welt der Außenpolitik zu. Aber etwas aufatmen darf man manchmal doch.

Zum Beispiel, weil der Kanzler mit seiner Ratz-Fatz-Politik gegenüber China nicht durchgekommen ist. Hatte er den Chinesen nicht den deutschen Sitz im Weltsicherheitsrat damit genehm machen wollen, dass er trotz aller Menschenrechtsverletzungen und aggressiven Drohungen Chinas den Herrschern in Peking mit einer Aufhebung des Waffenembargos zu schmeicheln suchte? Im Alleingang. Gegen alle moralischen Bedenken auch bei der SPD und den Grünen. Ich bin ich. Basta! Die Chinesen haben ihn dafür geohrfeigt. Obwohl sie Japan meinten, saß die

Backpfeife. Schröder, ein Außenpolitiker à la Wilhelm Zwo, der mit dem Waffenexportsäbel rasselte.

Und Russland? Dass sein Freund, der das Privileg besitzt, die Sprache zu sprechen, die Schröder versteht, ganz in der Tradition der roten Zaren das Recht gebeugt hat, müsste Schröder als Kanzler sein Wort vom lupenreinen Demokraten Putin überdenken lassen. Da er das aber wahrscheinlich im Amt nicht mehr lange muss, bin ich auch hier entspannt. Ich hoffe, in Schröders Memoiren mehr darüber zu lesen.

Schließlich Europa! Ich bin so erleichtert, dass ich die pathetischen Umarmungen zwischen Chirac und Schröder, ihr fröhliches Lachen bei Witzen, die sie sich gar nicht erzählt haben können (siehe Putin), nicht mehr sehen muss. Die beiden gaben sich europäisch und waren nur wohlfeil antiamerikanisch. Unvergessen, wie Chirac die Polen und Ungarn anschnauzte, wie Schröder Aznar und selbst seinen »Freund« Blair abblitzen ließ.

Jetzt kommt der Fall vor dem Fall des Hochmuts. Niemand muss mehr zähneknirschend schweigen, wenn er Erdogans Türkei, die demonstrierende Frauen niederknüppeln lässt, einen Kopftuch-Fan als Ministerpräsidenten, nicht für integrierfähig in Europa hält. So gesehen haben mir die französischen und niederländischen Abwähler einen europaförderlichen Dienst erwiesen. Uns allen.

Rote Karte für den Schwarzen Peter

Über Herkunft und Einsatz von Sprichwörtern – auf dem Fußballplatz und in der Bundespolitik

»Ja, früher!«, so seufzen die älteren Mitbürger gern, zu denen ich mich, rein bevölkerungspyramidenmäßig, rechnen muss. Früher, ja früher, da hätte man, da hätte ich gesagt, jemand habe den »Schwarzen Peter« gezogen, wäre etwas Unangenehmes bei ihm hängen geblieben.

Heute? Heute sagt man, da habe jemand die »Arschkarte gezogen«. Mein Sohn sagt das, der wie ich Fußballfan ist. Denn daher kommt die Arschkarte, nämlich davon, dass sie der Schiedsrichter zieht, der bei Regelwidrigkeiten gelbe und rote Karten ziehen kann, die gelbe aus der Brusttasche und die rote Karte aus der Gesäßtasche. Daher der Name, hätte man früher gesagt. Nie habe ich gehört, dass jemand die Brustkarte gezogen hat. Gelb geht ja noch, Rot ist der Schwarze Peter.

Mir fällt der Schwarze Peter respektive die Arschkarte nicht wegen des Konföderationen-Pokals, der kleinen Fußballweltmeisterschaft, ein. Nein! Sondern weil der Bundespräsident den Schwarzen Peter gezogen haben wird, sobald der Kanzler am 1. Juli seinen Misstrauensantrag durchbekommen haben sollte. Beim Bundespräsidenten würde ich, schon der Würde des Amtes wegen, nur vom Schwarzen Peter sprechen. Unbedingt!

Auch die Redensart »Einen Türken bauen« könnte einem beim Misstrauensantrag des Kanzlers einfallen. Auch sie ist von früher. Einerseits kommt sie vom Schachautomaten, der im 18. Jahrhundert, als es noch keine Schachcomputer gab, zwangsläufig getürkt war. Da saß ein kleiner Türke heimlich im Kasten unter dem Schachbrett. Versteckt. Und machte die Züge.

Andererseits soll die Redensart daher stammen, dass früher echte Kapellen an den Landungsbrücken in großen Häfen die Nationalhymnen »live« spielten, nicht vom Band oder von der CD: Und einmal kam ein türkisches Schiff, überraschend, und die Kapelle konnte die türkische Nationalhymne nicht; so wie Fußballnationalspieler, die nur verlegen die Lippen bewegen. Also spielten die Trompeten etwas Getürktes, vielleicht sogar Rossinis Ouvertüre zu »Ein Türke in Italien«.

Dazu kann einem aber einerseits wie andererseits auch das Rededuell zwischen Gerhard Schröder und Angela Merkel einfallen, die Europadebatte. Als die über den Beitrag der Türkei stritten. Schachtechnisch wie musikalisch. Aber auch wahltaktisch europäisch.

Vom Reden und Rauchen

Über den Fünf-Stunden-Monolog
von Otto Schily

17. Juli 2005

Bundesinnenminister Otto Schily hat einen neuen Rekord in der Sportart Rhetorik (Reden mit offenem Mund als Dauerdisziplin) aufgestellt. Vor dem Visa-Untersuchungsausschuss hat der Senior (72) fünf Stunden und 18 Minuten kontinuierlich geredet. Ungedopt und nur unter Zuhilfenahme von Schlucken stillen Wassers.

Diesen unglaublichen Rekord konnte er nur bewerkstelligen, stemmen, leisten und vollbringen, indem er nicht nur ausführlich aus Akten zitierte, sondern auch die Zitate meist doppelt vorlas. Man nennt das im Sport den Doppler-Effekt. Volkstümlich auch: doppelt gemoppelt. Doch nicht genug mit dieser Höchstleistung, schloss Schily in einer Art audiovisuellem Biathlon an das Reden noch das Zuhören an, getreu dem Sprichwort: »Wer nicht reden will, muss hören!« Auch hier agierte Schily, das Ohr sanft geneigt, den Oberkörper straff aufrecht, und hörte volle zehn Stunden zu, legte nur kleine Pausen, je zum Anbeißen eines Apfels (!), ein. Eben Pinkelpausen.

Den bisherigen deutschen Marathon-Rederekord hielt Schilys Noch-Amtskollege Joschka Fischer, mit einst imposanten, jetzt läppischen zwei Stunden 18 Minuten. Fischer weiß inzwischen, dass er im Reden Schily das Wasser nicht reichen kann, also joggt er wieder: Er redet mit den Beinen. Gegen den Bauch.

Langes Reden nennt man Filibustern. Das ist ein im US-Senat erfundener Brauch, so lange zu reden, bis der politische Gegner tot umfällt oder zumindest nicht mehr abstimmen kann. Länger als Schily redete nur Fidel Castro. So um die sechs bis sieben Stunden. Weil er sich gern reden hörte und von seinem Volk das Gleiche glaubte. Viele Kubaner aber flohen deshalb nach Miami in Florida.

Während des Redens rauchte Castro Zigarren – kubanische. Der US-CIA plante, ihm diese Rede-Zigarren heimlich zu vergiften. Mit einem Haarausfallmittel. Er sollte während des langen Redens nach und nach Bart und Haupthaar verlieren, kahl und lächerlich aussehen. Das ist wirklich wahr! Aber Castro hat sich das Rauchen abgewöhnt.

Und Schily? Der raucht Zigarren, aber nicht während des Redens. Wie sollte er auch, wo er doch Sportminister ist!

Der Schwaben-Rambo und »des Hexle«

Über den Rücktritt von DaimlerChrysler-Chef Jürgen Schrempp

31. Juli 2005

Der DaimlerChrysler-Chef Jürgen E. Schrempp hat seinen Rücktritt bekannt gegeben. Sofort schnellten die Aktien seines Konzerns in die Höhe, ja, sie veranstalteten an der Frankfurter Börse eine Art Freudenfeuerwerk, weil Schrempp endlich, endlich die Leitung des drittgrößten Autokonzerns der Welt abgab. Kein Wunder! Schrempp, von der amerikanischen Zeitung »Business Week« 2004 zum »schlechtesten Manager des Jahres« gewählt, hat in seiner Daimler-Zeit 50 Milliarden (ja, 50 Milliarden!) Daimler-Werte verbrannt. Und dafür rund 80 Millionen kassiert. In seine glorreiche Amtszeit fällt, dass die neue A-Klasse beim berühmten Elchtest einfach umfiel, dass Schrempp Mitsubishi kaufte und verlustreich wieder verkaufte, dass sich der »Smart« als teurer Flop erwies und Schrempp wegen elektronischer Probleme über eine Million neue Mercedes-Autos zurückrufen lassen musste – ein teurer Image-Verlust.

Doch wollen wir nicht ungerecht sein. Denn hinter den teuren Rückschlägen des hemdsärmeligen Mannes, den sie in der Stuttgarter Zentrale des Weltkonzerns »Rambo« nannten und der »einer der wenigen« ist, die den Kanzler duzen durften – ein zweiter Hartz gewissermaßen –, steckt eine zarte Seele, deren Liebesgeschichte durchaus eine TV-Verfilmung verdiente.

Während er 1998 die Verbindung mit Chrysler als »Hochzeit im Himmel« gepriesen hatte, war vorher seine Ehe auf der Spanischen Treppe in Rom geplatzt. Dort hatte Schrempp mit seiner damaligen Sekretärin Lydia seinen Geburtstag so rotweinselig gefeiert, dass römische Carabinieri die randalierend Glücklichen in Haft nahmen. Darauf trennte er sich von seiner ersten Frau, weil die ihn, wie er sagte, gebeten hatte, künftig beruflich »kürzerzutreten«. Kein Wunder! Wie sein Aufsichtsratschef Hilmar Kopper mochte auch er fortan nicht mehr die Hausmannskost daheim genießen. Schrempp aber opferte für Lydia und seine Arbeit seine erste Ehe und arbeitete so sehr, dass er seiner zweiten Ehefrau, die im Betrieb schwäbisch »des Hexle« genannt wurde, als Büroleiterin einen Raum neben seinem Büro – sowohl in Stuttgart wie in München – und ein E2-Gehalt neben seinen Bezügen besorgte (mit 130 000 bis 400 000 Euro pro Jahr dotiert).

So romantisch, aber auch praktisch sparsam rechnet man im »Ländle« und bei Weltkonzernen mit der Liebe – und eigentlich wäre die Geschichte eine echte Telenovela »Rambo und des Hexle«, wäre da nicht das Problem mit der Schleichwerbung: In einen BMW, der mit ihnen davonfährt, können die beiden nicht steigen! Und auch ein Elchtest an der Spanischen Treppe wäre nicht drin!

Fischer fischt frische Gurken

Über die Wahlkampf-Tour des Außenministers im Spreewald

Normalerweise nennen wir Journalisten den August Saure-Gurken-Zeit. Weil nix los ist, alle im Urlaub, alle am Strand, keine Nachrichten! Wir wären, normalerweise, schon heilfroh, wenn ein älterer Herr in einem schwedischen Strandcafé einer jungen Kellnerin als Trinkgeld eben mal einen Porsche schenkt. Einen Porsche! Zwar gebraucht, aber immerhin. Und das ohne jede Nebenabsicht! Bloß so.

»Alter Schwede!«, hätte ich gedacht, wenn es dieses Jahr eine Saure-Gurken-Zeit gäbe. Aber die hat uns der Kanzler mit den Neuwahlen gründlich vergurkt. Und da fällt einem ein anderer Kellner ein, ein Kellner a. D., nämlich Joschka Fischer, der immer dreinschaut, als hätte er in eine saure Gurke gebissen, nicht erst, seitdem sein Koch Schröder durch die kalte Küche ausgebüxt ist und ihn im Regen hat stehen lassen. Alle reden von Merkel, Gysi, Schröder, Lafontaine, Stoiber, ja sogar von Westerwelle. Von den Grünen aber ist der Rest Schweigen.

Bis die saure Gurke kam. Und so biss Fischer artig zweimal an einem Gurkenstand für Fotografen in eine Spreewaldgurke, bei einem bis dahin eher unterbelichteten Wahlkampftrip durch die neuen Bundesländer.

Er biss, schluckte in die Kamera, lächelte säuerlich, sagte »Vielen Dank!« und entschwand! Das heißt: wollte entschwinden. Ohne zu zahlen! Und das aus drei Gründen. Erstens ist Fischer (so gut wie) Schwabe, zweitens viermal geschiedener Bräutigam in spe; und drittens: Wozu als Minister überhaupt zahlen? Zumal bei seiner Popularität! Dachte er. Aber der Gurkenstand-Mann in Lübben sagte: »Und bezahlen!? Von einem Minister kann man ruhig was nehmen, der hat Geld!«

Mit spitzen Fingern kramte Fischer die geforderten 30 Cent aus der Hosentasche, als hätte er einen Igel drin. Ohne Trinkgeld. Und sagte das geflügelte Wort: »Ja, ja, Geld, das ist, was alle immer denken … Aber da liegen Sie falsch!« Aber wer bei der Frage nach dem Geld, das vielen Menschen fehlt, falsch liegt, ist in diesem Sommer keine Frage der sauren Gurken, sondern der angesäuerten Wähler.

Über das Fressen von Kröten

Wahlabend:
Eine Fabel aus Schwaben

18. September 2005

Eine meiner liebsten Fabeln (oder ist es eine Parabel?) ist die von den beiden schwäbischen Bauern, die am Sonntag, gerade hat es geregnet, jetzt aber scheint wieder die Abendsonne, einen gemeinsamen Spaziergang machen, auf einem Feldweg, entlang ihren Äckern.

Wie sie so gehen, sehen sie mitten auf dem Feldweg eine dicke Kröte sitzen, die der Regen und die feuchte Luft hierher gelockt haben. Die beiden bleiben stehen, betrachten die Kröte. Und der erste Bauer, nennen wir ihn Eugen, sagt zum zweiten Bauern, er heißt Hans: »Du, siehst du die dicke Kröte da hocken?« »Ja«, sagt Hans. Daraufhin Eugen: »Du, wenn du die Krott jetzt frisst, kriegsch (hochdeutsch: bekommst du) von mir eine Mark!«

Eine Mark, das war zu der Zeit, in der die Geschichte spielt, viel Geld, vor allem für einen schwäbischen Bauern. Also fasst Bauer Hans sich ein Herz, nimmt allen Mut zusammen, hebt die Kröte auf, verschlingt sie und bekommt von Eugen eine Mark.

Die beiden gehen stumm weiter, nach zwanzig Minuten, etwa einen Kilometer weiter, sitzt da wieder mitten auf dem Weg eine dicke, fette Kröte. Daraufhin blinzelt Hans, der die Kröte geschluckt hat, Eugen, der ihm dafür eine Mark gegeben hat, an. Und er sagt: »Wenn du jetzt auch die Krott frisst, die hier sitzt, tät ich dir auch eine Mark geben.«

Eugen schaut ihn an, schaut die fette, dicke Kröte an, nimmt alle Kraft und allen Mut zusammen, greift sich die Kröte, schiebt sie in den Mund, kaut, würgt und schluckt, und schon ist die Kröte verschwunden.

Schweigend gibt ihm Hans jetzt seinerseits eine Mark. Die beiden gehen weiter. Ohne zu reden. Beide mit dem Verdauen der Kröten beschäftigt.

Nach zwanzig Minuten, also etwa einen Kilometer weiter, bleibt Eugen stehen, wendet sich zu Hans und sagt: »Du, warum hent mir jetzt (hochdeutsch: haben wir) die Krott gfresse?«

Eine gute Frage, vor allem an einem Wahlabend wie diesem Sonntag.

Warum Nichtwissen manchmal richtig sein kann

Über schwerwiegende Irrtümer, die sich durchaus auch bei Günther Jauch einschleichen

16. Oktober 2005

Bei Günther Jauch in der Sendung »Wer wird Millionär?« hatte ein Kandidat die 500 000 Euro nicht gewonnen, weil er nicht wusste, welcher Nobelpreisträger für Physik auch noch mehrfacher Fußball-Nationalspieler seines Landes gewesen ist. Gut! Pech! So what!, könnte man sagen, wenn einer nicht weiß, ob (A) Gustav Hertz, (B) Niels Bohr, (C) Pierre Curie oder (D) Henry Becquerel Spieler in der nationalen Fußball-Elf war. Auch noch mehrfach. Wer das nicht weiß, hat eben das Geld nicht verdient.

Nun war es aber so (und die Zeitungen haben das inzwischen als nationale Katastrophe breitgetreten), dass es keine richtige Antwort gab. Keine! Alle vier Nobelpreisträger und Atomphysiker waren Fehlanzeigen für den nationalen Fußball. Der Kandidat gab auf. Er wisse es nicht. Und das Nichtwissen war, ohne dass es Jauch und sein Gegenüber wussten, die richtige Antwort. Denn die Sendung »Wer wird Millionär?« war einem Fehler des Brockhaus aufgesessen. Der hatte Niels Bohr mit seinem Bruder verwechselt. Ein Lexikon-Fehler, 500 000 Euro wert.

Wer etwas weiß, wo es nichts zu wissen gibt, ist eigentlich gescheit. Wie Sokrates, der sagte: Das Einzige, was ich weiß, ist, dass ich nichts weiß. Oder war das Plato? Egal! Ich werde mich hüten, im Brockhaus nachzuschlagen! Nun war es aber so, dass ich vergangenen Montag auf dem

Sofa vor dem Fernseher saß. Und wir, meine Frau und ich, haben mitgeraten. Und wie immer konnte meine Frau meist anderes beantworten als ich, vor allem, wenn eine Frage jünger als fuffzig Jahre war. Ich weiß Hannibal und sie »Desperate Housewives«. Jedenfalls wusste sie auch nicht, wer Fußballnationalspieler war … »Fußball interessiert mich nicht!«, sagte sie stolz.

Ich sah sie überlegen an. »Aber ich weiß es!« »Wirklich?«, fragte sie. Und »Wirklich!« sagte ich. »Bist du sicher?«, fragte meine Frau. Und ich »100-pro sicher!«. Und als Jauch Niels Bohr nannte, nachdem der Kandidat aufgegeben hatte, sagte ich: »Siehste!« Stolz! Woher ich etwas wusste, was gar nicht stimmte, weiß ich auch nicht. Jedenfalls nicht aus dem Brockhaus. Eher aus dem Bauch. Aus dem Gefühl.

Und nun überlege ich: Wenn der Kandidat den gleichen Bauch wie ich hätte (was ich ihm nicht wünsche), und er hätte die falsche Antwort als richtige gegeben, hätte er dann die 500 000 Euro gewinnen dürfen?

PS: Übrigens, weder in meinen Großen Brockhäusern von 1952 noch von 2003 steht, dass Niels Bohr überhaupt Fußballspieler war. Komisch, oder?

Wenn die Welt Verspätung hat

Über die Zeit und das, was einem am 11.11. alles passieren kann

Im November ist eh alles zu spät. Es fällt einem nur eine Frage aus Tucholskys »Deutsch für Amerikaner« ein, ein Beispiel gepflegter Konversation: »Finden gnädigste Gräfin nicht auch, dass dies ein rechtes Scheißwetter sein dürfte?« Dabei war das Wetter gar nicht so be…, wie soll ich sagen, im Gegenteil, und dass der Elfte Elfte, 11.11 Uhr war, störte mich auch nicht weiter, und über die Koalitionsverhandlungen hatte ich noch nichts gelesen.

Nur dass die Erde auch in diesem Jahr wieder eine Sekunde nachgehen, Verspätung haben werde. Eine Sekunde per annum! Macht in 60 Jahren eine Minute, in 360 Jahren eine Stunde. Rechnet man weiter, dann wächst sich das bedrohlich aus, wie unsere Staatsverschuldung. So weit voraus, bis ins Jahr 4238 wagte ich gar nicht zu denken! So ist das mit der Zeit.

Ich war in Erfurt und sollte den Zug um 10.21 Uhr erreichen, um den Anschluss-ICE in Hanau zu schaffen. Leider hatte ich mir aber 10.31 Uhr gemerkt, mein Fehler. Und ehe ich das am Bahnhof merkte, war es 10.25, auf der Tafel stand 10.21. Also rannte ich wie ein aufgescheuchtes Huhn zum Reiseservice der Bahn, und als ich drankam, war es 10.31 Uhr – ein neuer deutscher Rekord.

Die Beamtin am Schalter sagte mir, wenn ich nicht zu ihr, sondern zum Zug geeilt wäre, hätte ich ihn noch geschafft, weil er Verspätung hatte. Aber ich solle, sagte und druckte sie, den ICE um 10.40 Uhr nehmen, dann würde ich in Weimar meinen Zug nach Hanau vielleicht noch erreichen.

Der ICE nach Weimar hatte 10 Minuten Verspätung, aber das machte nichts, denn mein ursprünglicher Zug hatte in Weimar bereits 15 Minuten Verspätung. Ich erreichte den also, den ich in Erfurt verpasst hatte. Nur Pech, dass sein Anschlusszug in Hannover nicht hatte warten können. Am Schluss hatte ich zwei Stunden Verspätung.

Ist Ihnen, liebe Bahnfahrer, übrigens mal aufgefallen, dass ein Großteil der Bahnhofsuhren – rot kreuzweise überklebt – überhaupt keine Zeit mehr zeigt? Oder die falsche, z. B. 12.30 Uhr statt 11.11 Uhr. Und das nicht nur um 11.11 Uhr. Hängt das mit der Erdverspätung oder mit den Löchern im Haushalt zusammen? Ach, du liebe Zeit!

Ma-h-ler oder Maler

Über taube Komponisten und unverstandene Bonmots

27. November 2005

Vor vielen Jahren habe ich in Kalifornien von David Hockney, dem britischen Maler, den Satz gehört: »Beethoven war gegen Ende seines Lebens so taub, dass er dachte, er sei Maler.«

David Hockney, der all diese wunderschönen Swimmingpools in strahlendem Pop-Art-Blau gemalt hat, war damals übrigens selbst schon mindestens auf einem Ohr taub – im Unterschied zu seinem Kollegen Vincent van Gogh hatte er aber noch zwei Ohren, jedenfalls äußerlich. Und von dem größten aller Komponisten, Mozart, dessen Jubiläumsjahr bevorsteht, habe ich in einer Biografie gelesen, dass er zwei »Henkelohren« hatte – was immer das auch sein mag.

Doch zurück zu Hockneys Bonmot über Beethoven, das er natürlich auf Englisch erzählte: »He was so deaf that he thought he was painting.« Immer wenn ich es nämlich auf Deutsch erzählte, dass er glaubte, er sei Maler, schauten die Leute verständnislos oder lachten gequält, weil sie vielleicht dachten, ich spreche von Mahler, Gustav Mahler, Ehemann von Alma.

Und dann dachten sie vielleicht, weil Beethoven so taub war, habe er so »modern«, so seiner Zeit voraus komponiert wie Mahler, der Ehevorgänger von Werfel.

Und in der Tat haben die zeitgenössischen Kritiker,

denen der Schlusschor der Neunten schrill und atonal in den Ohren lag, geschrieben, diese »Ode an die Freude« sei eher misslungen und seiner rasch zunehmenden Taubheit zuzuschreiben.

Aber Hockney meinte Maler ohne h, wie painter.

Warum mir das einfällt? Weil ich gerade lese, dass kaum noch Deutsche unter 60 Jahren in Konzerte und Opern gehen. Also in naher Zukunft Mahler für einen Maler halten oder für Rechtschreibreform und Hockney für keine Pop-Art, sondern für eine Sport-Art.

Irgendwann ist irgendwo immer irgendwie

Über Schlagersänger Jürgen Drews und den ewigen Streit um geistiges Eigentum

4. Dezember 2005

Fünfzehn Jahre ist es her, so las ich diese Woche in der Zeitung, da unterschrieb der Schlagerstar Jürgen Drews nach einer offenbar durchzechten Nacht einer damaligen Disco-Besitzerin, der heute 53-jährigen Eva Czybulski, einen Zettel, der ihr das geistige Eigentum an den Texten dreier seiner Schlager zusicherte. Sie klagt jetzt auf Tantiemen, er konnte und wollte sich nicht erinnern und klagt seinerseits auf Prozessbetrug: Eva Cz. habe seine Unterschrift gefälscht, die Texte seien allein sein »geistiges Eigentum«.

Geistiges Eigentum, da wird unsereiner hellhörig. Welche Texte also soll Drews seiner damaligen Wirtin alkoholselig gestohlen haben? Es geht um die Zeile »Irgendwann, irgendwo, irgendwie sehen wir uns wieder!«.

Ich war erschrocken, denn mir kommen diese Worte irgendwie bekannt vor. Hatte ich sie nicht selbst irgendwo zu irgendwem gesagt? Oder von irgendjemandem gesagt bekommen, irgendwann? »Auf Wiedersehen! Irgendwann?«, so zwischen Tür und Angel, Polizeistunde und Zubettgehen?

Und hatte nicht auch Nena »Irgendwie, irgendwo, irgendwann« gesungen? Irgendwann, wenn nicht irgendwo, dann überall? Und singt nicht jeder Schlagerfuzzi irgendwie irgendwann was von Wiedersehen?

Ist das geistiges Eigentum oder allgemeiner Schrott?

Nun spricht aber Eva Czybulski von drei Texten. Und Jürgen Drews ist berühmt, oder soll man sagen, berüchtigt durch seinen Hit »Ein Bett im Kornfeld«. Und ich kann genau rekonstruieren, was sie zu ihm, als sie hackevoll und unterschriftsbereit an der Disco-Theke standen, gesagt hat: »Jetzt noch ’n Korn, bevor man ins Bett fällt!« Klar, so muss es gewesen sein! Geistiges Eigentum als Hörfehler, macht der Depp daraus »Ein Bett im Kornfeld«! So kornfeldhagelvoll, wie er war.

Da fällt mir ein, dass Frank Zander vor Jahren mit mir aus einer Kneipe kam und hörte, wie ich zu einer Freundin sagte: »Nur nach Hause gehen wir nicht!« Leider habe ich das von ihm nicht schriftlich. Tantiemen nach jedem Hertha-Spiel. In Millionenhöhe! Und das mit meinem geistigen Eigentum!

Eine Frage der Perspektive

Über unterschiedliche Sichtweisen auf den Winter und die Wirrungen der CIA-Affäre

11. Dezember 2005

Wie weit man auch von zu Hause, von Deutschland weg sein mag – dank der Nachrichtenübermittlung durch Satelliten kann man selbst auf einer Insel, die knapp südlich des Äquators liegt, 6000 einheimische Bewohner hat und auf der es nur Fisch und kein Fleisch gibt, erfahren, was so zu Hause los ist. Zum Beispiel durch CNN das Wetter: Berlin 3 Grad, Hamburg 4 Grad. Da »hier« zum gleichen Zeitpunkt 38 Grad herrschen, und das im wahrsten Sinne des Wortes, kann einen das, je nach Stimmung, in ein schlechtes Gewissen oder in größenwahnsinnige Allmachtsfantasien versetzen. Schlechtes Gewissen: Mein Gott, meine armen Landsleute! Hätte ich doch auf Minister Glos gehört: »Urlaub in der Heimat!« Allmachtsfantasien, nach Wilhelm Busch: »Ist fatal, bemerkte Schlich, he, he! Aber nicht für mich!«

Da sich das aber, wenn Sie, geehrte Leserin und verehrter Leser, das lesen, längst geändert hat und ich mit Ihnen in Berlin 3 Grad, respektive Hamburg 4 Grad, den Vorwinter wieder teile (»Höchst fatal, bemerkte Schlich, diesmal aber auch für mich«) und vermutlich mehr friere als Sie, werde ich bibbernd Minderwertigkeitskomplexe haben und ein gutes Gewissen als warmes Ruhekissen. Es kommt eben auf die Optik, auf die Perspektive an, und so lese ich in der Kompaktzeitung »Deutsche Rundschau«, dass Wigald Boning in Köln vom »Kuratorium Gutes Sehen« zum »Brillenträger des Jahres 2005/06« gewählt worden ist – eine Nachricht, die mein Heimweh ins Unermessliche gesteigert hat. Ich lese aber auch Wichtigeres. Nämlich vom neuen Außenminister Steinmeier (Schwarz-Rot) – die FDP verlangt seinen Rücktritt, höchst fatal, he, he, aber nicht für ihn, weil er als alter Kanzleramtsminister (Rot-Grün) in die CIA-Affäre verwickelt gewesen sei.

Dazu fällt mir die erste Große Koalition unter Kurt Georg Kiesinger (CDU) und Willy Brandt (SPD) von 1966–1969 ein. Und dass die das Mehrheitswahlrecht, wie es in England herrscht, einführen wollte, unbedingt!, damit es zu einem solchen Steinmeier-Kuddelmuddel, dass man nämlich, Regierung wie Opposition, jetzt unter einer Decke steckt, gar nicht erst kommen könnte.

Leicht führt hier der Weg zurück zu Wigald Boning, dem »Brillenträger des Jahres«. Zu der Heinz-Erhard-Erkenntnis, die für Boning, für mich wie für die Große Koalition und fast auch für Steinmeier gilt: »Das Leben ist wie eine Brille! Man macht viel durch!«

Was uns stinkt und nicht stinkt

Über den Altkanzler und dessen anrüchige Arbeitsplatzsuche

Es war der römische Kaiser Vespasian, der die Redensart »Geld stinkt nicht« in Umlauf gebracht hat. Als nämlich die Staatsfinanzen im Alten Rom klamm wurden, erhob Vespasian eine Steuer auf die Toiletten, eine so genannte Latrinensteuer. Und so soll des Kaisers Sohn Titus zu seinem Vater gekommen sein, um ihm zu sagen, viele Leute fänden diese Steuer anrüchig. Der Kaiser soll in seine Toga gegriffen haben, um eine Münze herauszuziehen, die er dem Sohn unter die Nase hielt. »Riechst du was?«, fragte er. Und als Titus den Kopf schüttelte, sagte der Kaiser: »Non olet!« Es stinkt nicht.

Und wir sagen das auch, bis heute, wenn es sich um eine anrüchige Angelegenheit handelt. So dichtete mein Kollege im Kulturressort des »Spiegel«, Rolf Becker, 1968, als der milliardenschwere Öl- und Tankerkönig Onassis die Präsidentenwitwe Jacqueline Kennedy heiratete, also sich die wertvollste Trophäe, die ein reicher alter Mann gewinnen konnte, unter den Nagel riss: »Non ölet!« Auch Öl stinkt nicht.

Wie aber ist das mit Erdgas, das durch eine Pipeline fließt? Wie ist das mit dem russischen Zaren und Cäsaren Putin, der sich gleich einen gewesenen Kanzler für sein Erdgas kauft und dafür den Rubel rollen lässt?

Schröder jedenfalls ist bestimmt so klamm, wie es der

römische Staat anno dazumal war. Der »Bild-Zeitung« entnehme ich, dass er seiner Exfrau Hillu ein noch nicht abbezahltes Haus und Teile seiner Bezüge überlassen muss. Auch das neue Reihenhaus, das er mit Doris teilt und das ihm jetzt zu eng wird, sei noch nicht abbezahlt. Na dann!

Auch über die »Neid-Steuer«, falls sie denn kommt, braucht sich der Altkanzler (wie das klingt, wo er doch voll dunkelhaarig ist) keine grauen Haare wachsen zu lassen. Seine Firma, die ihn endlich reich macht, sitzt in der Schweiz, im steuerfreundlichsten Kanton – wo bisher schon Milch-Müller zum Ärger der Sozialdemokraten sein Geld schonte.

Aber in den Schweizer Alpen stinkt es sowieso nicht, denn dort ist die Luft besonders rein.

Der Himmel voller Mozartkugeln

Über Namenswitze

8. Januar 2006

Niemals, nie, nie, aber auch wirklich nie Namenswitze! Diese eiserne Regel des Journalismus habe ich als Volontär gelernt, und das war noch tief im vergangenen Jahrhundert des vergangenen Jahrtausends.

Jetzt aber sind wir am Anfang und gleich auf der Höhe des Mozart-Jahrs, ein Jahr, dessen Himmel voller Geigen, Klarinetten und Klaviere hängt, und da fällt mir die Geschichte ein, von dem Studenten in Bonn, der ein Zimmer sucht, und die Vermieterin ihn fragt, was er denn studieren wolle. Als er dann »Musik« antwortet, erzählt sie von ihren schlechten Erfahrungen mit einem Musikstudenten und ihrer hübschen Tochter: »Ja, ja, hören Sie mir auf mit Musik. Und Musikstudenten! Hier wohnte einer. Erst war er beethövlich, dann aber wurde er mozärtlich, nahm sie beim Händel, führte sie über den Bach, zu den Haydn, pflückte ihr einen Strauß im Adorno-Wiesengrund am Berg. Jetzt haben sie einen Mendelssohn! Und fragen: Wo hindemith?« Das ist schrecklich! Zu meiner Entschuldigung kann ich nur sagen: Auch ein Musiktitan wie Beethoven schwärmte über Bach, der sei so groß, der müsste »Meer« heißen – »Meer«, nicht noch »mehr«!

»Aber wir sind im Mozart-Jahr!«, werden Sie, liebe Leser, einwenden. Und ich werde sagen: »Da kommen Sie mir gerade recht!« Hat nicht Mozart als »Trazom« unterschrieben und während der holprigen, dreitägigen Reise von Wien nach Prag 1787, in der Kutsche mit Frau, Freunden, Diener und Hund durchgerüttelt, Schüttelnamen und Witznamen zum Zeitvertreib erfunden, als da sind, buchstäblich und wortwörtlich von Mozart: »Ich Punkitititi. Meine frau: Schablapumpa. Stadler! Natschi binitschibi. Joseph mein bedienter: Sagadarata. Der gaucker mein hund: Schama mutzki.« Ja, und so weiter!

Auf Ihren, lieber Leser, beethövlichen Einwand: »Aber Sie, lieber Herr Karasek, Sie haben doch noch nicht einmal die Mozartkugel erfunden!«, muss ich zugeben: »Wie wahr!«

Wie schrieb doch ein Kollege nach einer Opernaufführung von Gottfried von Einem? Diese Musik sei so gruselig. Von Einem (allein) könne die gar nicht sein!

Man spricht Deutsch

Über die Fremdsprachenkenntnisse
unserer Politiker von Heinrich Lübke
bis Angela Merkel

15. Januar 2006

Jetzt, da wir eine Kanzlerin haben, der die Männerwelt von Müntefering über Blair, Chirac bis Bush zu Füßen liegt, weil Merkel Sauerländisch versteht (»Opposition ist Mist«), gut Englisch, perfekt Russisch und leidlich Deutsch spricht, fällt auf, wie selten diese Gaben bei Politikern a) vorhanden sind und b) kultiviert werden.

Nehmen wir den Merkel-Vorläufer Ex-Kanzler Schröder als Beispiel. Der kam als Kanzler in der Welt gut rum mit nur einer Zunge. Und musste erst als Altkanzler einen Crash-Kursus in Englisch nehmen, als er merkte, dass die Sprachen seiner neuen Arbeitgeber Ringier und Gazprom, nämlich Schwyzerdütsch und Russisch, noch schwerer zu lernen sind.

Auch sein Vorgänger Helmut Kohl balancierte ohne verstehbares Englisch mit Bravour durch die Weltpolitik. Er soll zu Margaret Thatcher »You may say you to me!« gesagt haben. Und der erfolgreichste deutsche Außenminister, Hans-Dietrich »Genschman«, sprach anfangs zwar Sächsisch, aber kein Angelsächsisch. Klingt aber irgendwie ähnlich.

Da muss einem dann auch noch der vergessliche, aber unvergessene Präsident Heinrich Lübke einfallen, der ein eigenes Englisch, das sogenannte Lübke-Englisch, erfunden hat. Und das ging so: »Equally it goes loose!« Und hieß auf Deutsch: »Gleich geht's los!« Oder auch: »Heavy on wire!«, was so viel wie »schwer auf Draht« heißen sollte.

Doch will ich mich darüber nicht allzu sehr mokieren. Neulich, als mich meine Tochter notgedrungenermaßen Englisch sprechen hörte, sagte sie erschrocken vorwurfsvoll: »Und ich habe in der Grundschule stolz erzählt, mein Vater beherrscht sieben Sprachen!« Schön, die Tochterliebe. Jedenfalls die frühe! »Ach, beherrschen, Laura!«, seufzte ich. Und erzählte ihr die Geschichte von den Schulfreunden, die sich Jahre nach dem Abi treffen. »Was hast du gemacht?«, fragt der eine. »Sprachen gelernt«, sagt der andere. »Und wie viele beherrschst du?«, fragt der eine. »Sieben«, sagt der andere. »Donnerwetter, sieben Sprachen!«, sagt der erste und fragt: »Do you speak English?« »Oui.« »Aber ›oui‹ ist doch Französisch!« »Französisch! Großartig, dann beherrsche ich acht!«

Wie im Himmel, so auf Erden

Über das Ende herrlicher Perspektiven

Während der Achtziger- und Neunzigerjahre war es üblich, dass sich Menschen zu Wort meldeten, die von der fortgeschrittenen Medizin dem Tode entrissen waren und nun aus jenem »Reich« berichteten, aus dem laut »Hamlet« »kein Wanderer wiederkehrt«.

Dabei war tröstlich, dass die Nähe des Todes dank der »Euphorie« nicht als erschreckend erlebt wurde. Enttäuschend war, dass die Wanderer aus dem Jenseits nichts berichteten, was frommen Legenden, religiösen Wünschen und tröstlichen Erwartungen fremd gewesen wäre. Gleißendes Licht hätten sie gesehen, in den Kreis ihrer verstorbenen Angehörigen seien sie aufgenommen worden, und Gottvater, tja, der sah aus wie bei Michelangelo, nur nicht ganz so gut gemalt, was Wunder!

Natürlich kursierten darüber auch Witze. Billy Wilder erzählte mir einen: Als der von ihm verehrte Ernst Lubitsch in den Himmel gekommen sei, habe eitel Freude geherrscht, und Petrus sagte: »Wir haben schon lange auf dich gewartet! Wir wollen einen himmlischen Film mit dir drehen. Und du bekommst alles an Besetzung, was wir hier im Himmel haben, Mozart für die Filmmusik, Moissi oder Kean oder die Duse als Darsteller, Brunellesco für die Bauten, Noverre fürs Ballett … Es gibt da nur ein kleines Problem! Der liebe Gott kennt da eine süße, kleine Statistin …« Gottvater als allzu männlicher Filmproduzent! Umso witziger aber ist die Pointe: Als einer bei seiner Rückkehr gefragt wird: »Nun ja, und wie war Gott?« Und die Antwort lautet, als sarkastischer Scherz am Ende des rassistischen Männlichkeitswahnzeitalters: »She is black!«

Haben wir gelacht! Jetzt aber, als unsere Bundeskanzlerin bei Bush im Weißen Haus zu Tisch war, hat Frau Bush erzählt, sie hoffe, dass Condoleezza Rice die nächste Präsidentin werde. Gegen Hillary Clinton! She is black! Zwar nicht Gottvater, aber immerhin! Mächtigste Frau auf Erden. So könnten Scherze irdisch wahr werden.

Um Gottes willen

Über den Karikaturen-Streit und die Grenzen gezeichneter Satire

12. Februar 2006

Vergangene Woche war in der »FAZ« eine dreiteilige Karikatur zu sehen, die einen Karikaturisten bei seiner Arbeit zeigte. Auf dem ersten Bild sah man einen fusselig umrahmten Männerkopf, das Gestrichel um das Gesicht konnte man teils als Bart, teils als Turban deuten, vor allem, da der tätige Zeichner dabei war, eine Bildunterschrift unter seine Kritzelei zu setzen. »Mo…«, stand da. Und der Betrachter fürchtete das Schlimmste. Sein Verdacht verstärkte sich beim zweiten Bild. Da stand schon »Moha…«. Und schon dachte der Betrachter: »Um Gottes willen!« Doch das dritte Bild brachte Erleichterung. »Mohamikaner« stand da drunter. Und der Betrachter atmete auf.

Mohamikaner? War das nicht ein Mitglied eines ausgestorbenen Indianerstamms oder so ähnlich?

Der gewitzte Zeichner hatte das getan, was Luther dem »Volk aufs Maul schauen« genannt hat. Denn »das Volk«, das laut Tucholsky »doof, aber jerissen« ist, hat seit jeher verstanden, so zu lästern und zu fluchen und zu spotten, dass sich niemand wirklich in seinen Gefühlen verletzt fühlen konnte. »Kruzifünferl!«, flucht der fromme Bayer, und »Heilig's Blechle!«, staunt der Schwabe. Und unter »Herrgott Sapperment« wird nur der böse Wille ein Sakrileg an einem Sakrament vermuten. Wer wird den

Teufel fürchten, wenn er »Pfui Deixel« hört? In unseren aufgeklärten Zeiten darf einem selbst im tiefen, frommen Süden ein »Kruzifix« entfahren, wenn man mit dem Hammer beim Heimwerken den Finger statt des Nagels trifft. Und man darf selbst agnostische Witze riskieren, ohne mit dem Tod bedroht zu werden, wie etwa den vom Kardinal in Wien, der mit einem Atheisten diskutiert. »Ich glaube nicht an Gott«, sagt der Atheist. Und der Kardinal sagt: »Und ich glaube nicht einmal das!« Mit diesem Witz, so möchte ich eilig versichern, ist kein bestimmter Gott gemeint. Das schwöre ich beim Barte des Proleten!

Und wie sagte das Karl Kraus als Gebrauchsanweisung in staatsfrommen Zeiten: »Satiren, die der Zensor versteht, werden zu Recht verboten.«

Als der Ball noch rund war

Über das Jahr 1954?
Tor! Tor! Tor! Tor!

Nun, da die uns ins Haus stehende Fußball-WM ihre Schatten stärker vorauswirft, die karikaturistischen wie die vom Einsatz der Bundeswehr, erinnern wir uns mit mehr als nur einem Seufzer an die Zeit, als die Fußballwelt noch in Ordnung war: 1954! Damals fand die WM in einem Land statt, in dem zwar Deutsch gesprochen wurde, das aber neutral war. Es gab noch ganze Erdteile, die nicht wussten, dass der Fußball eine Kugel und die Erde also rund ist. Wir wurden (Tor! Tor! Tor! Tor! Tor! Tor!) Weltmeister.

Hätten wir geahnt, damals, dass deutsche Frauen Weltmeister werden sollten, daneben auch noch Kanzlerin oder gar Heidi Klum? Gute alte Zeit! Auf 1954 folgte allerdings 1958 wie der Kater dem Rausch. Auf die Schweiz folgte Schweden. Auf das Wunder von Bern das Desaster von Göteborg. Im Ullevi-Stadion besiegten uns die Schweden, unter den anfeuernden Heja!-Heja!-Rufen des aufgepeitschten schwedischen Zuschauerplebs (so ein Zeitungsbericht), 3:1. Im Halbfinale! Was zu weit ging, ging zu weit.

Noch in derselben Nacht wurden in Aachen, wo ein internationales Reitturnier stattfand, schwedische Fahnen von randalierenden Jugendlichen heruntergerissen (nein, nicht verbrannt). Parkenden Autos, die sich durch ein S als schwedisch zu erkennen gaben, wurden die Reifen zerschnitten, wie es überhaupt ein guter Brauch wurde, in den folgenden Wochen schwedischen Autos, die durch unser Land fuhren, mit dem Messer die Luft rauszulassen.

Die Schwedenplatte, bis dato wie der Toast Hawaii ein beliebtes Gericht unserer Gastronomie, verschwand von deutschen Speisekarten. Und die »Saar-Zeitung« schrieb: »Das offizielle Schweden hat höhnisch zugelassen, dass rund 40 000 Demonstranten dieses mittelmäßigen Volkes (sprich: Schweden) den Hass über uns auskübelten, der nur aus Minderwertigkeitskomplexen kommen kann!« Das war, muss man zum Verständnis, wenn auch nicht zur Entschuldigung, sagen, nur elf Jahre nach 1945, Deutschland war geteilt, Berlin eine Viersektorenstadt mit Besatzungstruppen und einem Checkpoint Charlie. Glücklicherweise gab es noch keine Globalisierung, kein Internet, keine Homepages, keine E-Mails, kein weltweites Fernsehen.

So gesehen war die Erde noch eine Scheibe, unsere Hassprediger waren mundtot oder saßen in Spandau im Gefängnis. So hielt sich alles in Grenzen. Also doch gute alte Zeit!

Wenn der Clown Trauer trägt

Ohne Traurigkeit gibt es keine Komik

In dieses Jahr fallen nicht nur die großen Gedenktage an Mozart und Heine, an Thomas Bernhard und Bertolt Brecht – er starb 1956 in Berlin. Auch Billy Wilder, Schöpfer einiger unsterblicher Filmkomödien, wäre dieses Jahr 100 geworden. Hundert oder 100? Egal.

Ihm verdanken wir »Das Apartment«, »Manche mögen's heiß« oder auch »Eins, zwei drei«, die verrückteste Berlin-Komödie über den Kalten Krieg. Da seine Filme neben ihrem atemberaubenden Tempo, der umwerfenden Komik, dem Dialog- und Aberwitz immer auch eine kräftige, dunkle Grundierung aus Melancholie haben, ohne die weder Komik noch Humor existieren, erinnere ich mich, wie mir der alte Billy Wilder die Geschichte erzählte, die er als junger Berliner Reporter für seine Leser schrieb.

Sie passt zum Datum, denn einerseits steht uns der Rosenmontag ins Haus. Andererseits läuft in Berlin eine Ausstellung über die Melancholie.

Also die Geschichte: An einem herrlichen Sonnentag kommt in Zürich ein Besucher der Stadt zu einem Nervenarzt und sagt, er wisse sich nicht zu helfen, so unfassbar traurig, so grundlos schwermütig sei er. Der Arzt versucht ihn aufzumuntern: »Gehen Sie spazieren! Die Sonne scheint, der See glänzt herrlich, in der Ferne erstrahlen die Firne der Berge!«

Der Gast nickt traurig.

»Suchen Sie in der Stadt ein schönes Restaurant auf! Die ›Kronenhalle‹ beispielsweise. Genießen Sie die herrliche Zürcher Küche!«

Der Gast nickt melancholisch.

»Flanieren Sie gegen Abend über die Bahnhofstraße. Schauen Sie in den Luxus der Schaufenster! Besuchen Sie ein Café mit dem köstlichen Schokoladenkonfekt! Sehen Sie die Menschen, wie sie elegant gekleidet durch die Stadt flanieren!«

Der Gast nickt mit leerer Miene.

»Aber warten Sie!«, sagt der Psychiater. »Mir fällt gerade etwas ein! Hier, im Zirkus an der Limmat, gastiert gerade der weltberühmte Clown Grock. Da müssen Sie hin! Das wird Sie fröhlich machen! Grock hat noch jeden zum Lachen gebracht! Niemand kann sich ihm entziehen! Man wird sofort fröhlich, ja glücklich! Sie werden sehen!«

Daraufhin blickt der Patient und Besucher traurig zu seinem Gegenüber, dem Arzt, auf und sagt: »Aber ich bin Grock!«

Wo Hühner nichts zu lachen haben

»So unheimlich war das gefiederte Vieh lange nicht. Unheil zu beklagen, das nicht mehr zu bessern, heißt umso mehr, das Unheil nur vergrößern.« William Shakespeare, »Othello«

5. März 2006

Geht man im Winter und Vorfrühling allein spazieren, dann sind die Krähen die zuverlässigste Gesellschaft, die man findet. Vor allem, wenn man Kritiker ist, fühlt man sich ihnen verbunden, und man hat keine Angst vor ihnen, denn laut Sprichwort heißt es: Eine Krähe wäscht die andere! Oder heißt es: Eine Hand hackt der anderen kein Auge aus?

Jedenfalls sind es unheimliche trauerschwarze Tiere, die in Pulks krächzend über die kahlen, schneeigen Felder herfallen. Unweigerlich fällt einem, ist man allein in kalter Luft beim Wandern, Nietzsche ein: »Die Krähen schreien / und ziehen schwirren Flugs zur Stadt: / Bald wird's schneien, / wohl dem, der jetzt noch Heimat hat!«

Jetzt also, wo ich am Bodensee wieder ihr hohles, drohendes Gekrächze höre, während sie aufflattern oder sich niederlassen, irgendwie böse und gleichgültig, herrscht aber die Vogelgrippe, eine Ente im See verstarb schon an dem gefährlichen Virus. Und da denkt man, wenn sie sich in den grauen, schweren Himmel heben und wieder schnarren, eher an Hitchcock, an »Die Vögel«. So unheimlich war das gefiederte Vieh lange nicht.

Zufällig habe ich in einer Kladde von 1994 ein Gedicht gefunden, zu dem sich Rudolf Augstein frohgemut bekannte, als er es mir rezitierte:

»Die Krähe lacht. / Sie weiß, was in der Vogelscheuche steckt. / Und dass sie nicht wie Huhn mit Curry schmeckt.«

Das ist ihr Glück in guten wie in Vogelgrippetagen. Sie ist zu schlau, um sich von Vogelscheuchen etwas vormachen zu lassen. Und schmecken tut sie auch nicht. Also wird sie weder gegessen noch gekeult, was auch immer das für eine Todesart meint. In Panikzeiten hat unser Nutzvieh mit uns nichts zu lachen!

Am See picken zierliche schwarze Vögel, die eine weiße Blesse auf der schmalen Stirnfront haben. Eine Schautafel über Wasservögel am Bodensee belehrt mich darüber, dass es sich um ein Blesshuhn handelt. Die Tiere ahnen nichts von der Vogelgrippe, sie sind wie immer: Sind wir bedrückt, wirken sie auch auf uns so. Ich denke auf einmal an die tote Ente und sage halblaut in Richtung Huhn: God bless you, Blesshuhn!

Und ich meine das ernst, weder blasphemisch noch blessphemisch.

Glühe, deutsches Vaterland!

Über den Einbürgerungstest; bimsen oder blamieren

19. März 2006

Eines steht fest: Berlins Regierender Klaus Wowereit wäre beim hessischen Einbürgerungstest mindestens bei einer Frage durchgefallen. In welchen Jahren der ersten Hälfte des 20. Jahrhunderts war Deutschland eine Diktatur? Wowi nämlich hatte sich einem TV-Quiz gestellt und war bei der Frage, wann der Zweite Weltkrieg zu Ende war, kläglich durchgerasselt. Schlimm? Spricht das gegen den Test? Gegen den Bürgermeister? Weder noch! Denn einmal hat sich Wowi freiwillig gestellt. Und ich selbst weiß dank der SKL-Show mit Günther Jauch, dass man sich bei solchen Fragen gnadenlos blamieren kann.

Hätten die Politikerkollegen wirklich gewusst, wie drei deutsche Mittelgebirge heißen? Und hätten sie Harz nicht wahlweise für einen Käse, ein Problem der Rechtschreibreform (Hartz oder Harz) oder eine Reform des Arbeitsmarktes gehalten? Aber warum sollen so etwas Ausländer wissen, die Deutsche werden wollen? Weil sie sozusagen noch keinen Führerschein für Deutschland haben. Auch wir mussten vor der Fahrprüfung Hubräume, Achslasten und die Länge der Bremswege kennen. Heute genügt es, wenn ich weiß, warum mein Auto piept, wenn ich es in die Garage fahre. Wenn Einwanderer für den Deutschland-Führerschein mal kurz bimsen, wer Caspar David Friedrich war, schadet das nix, auch wenn sie es bald vergessen haben werden. Sie werden stattdessen lernen, was Knöllchen, Brückentage und Fisch-sucht-Fahrrad-Partys sind.

In den USA, dem Einwandererland schlechthin, werden solche Tests schon lange gemacht. Es wird gefragt, wie viele Staaten die USA haben, wie viele weiße und rote Streifen die Flagge hat oder was Washington D.C. heißt. Während des Zweiten Weltkrieges wurden Japaner danach überprüft, ob sie eingewanderte Patrioten oder eingeschleuste Spione waren. Sie mussten den Text der amerikanischen Nationalhymne aufsagen. Versagten sie, waren sie US-Bürger. Nur Spione und Feinde konnten den Text auswendig. Klar!

Auf Deutsch heißt das: Brüh im Glanze dieses Blickes! Glühe, deutsches Vaterland! So kann das nur ein deutscher Fußballer oder ein deutscher Popstar. In den USA übrigens wurde eine Frau eingebürgert, die nur eine Frage beantworten konnte: »Washington D.C.? Das heißt ›Washington de Capital‹.«

In 50 Jahren ist alles vorbei

Über die kinderlose Gesellschaft

2. April 2006

Nach einem langen Leseabend kam ich mir so elend vor, so egoman-egoistisch, so selbstsüchtig-egozentrisch, wie das Frank Schirrmacher in seinem Buch, in dem wir Deutschen ausgestorben werden, und im »Spiegel« Matthias Matussek für einen Single oder Patchwork-Vater mit 1,2 Kindern beschrieben haben. Dabei haben die beiden selber nur je ein Kind! Die müssten vielleicht egoistisch sein! Schwamm drüber.

Also: Es rief mich ein Mitglied des deutschen Bühnenvereins an und frug oder fragte mich, ob ich es auch so empörend fände, dass der Senat der Freien und Hansestadt Hamburg klammheimlich hinterrücks das Parkhaus, die Garderoben und die ganze Hinterbühne des Deutschen Schauspielhauses, Deutschlands größter Sprechbühne, verkauft habe, an eine private Firma! Und der Käufer könnte laut Vertrag in 50 Jahren, juristisch gesehen, Parkplatz, Garderobe und Hinterbühne dem Schauspielhaus unterm Hintern wegziehen. Und ob ich nicht auch öffentlich protestieren wolle.

Aber ich dachte, mein Gott! In 50 Jahren, da bin ich um die 120, dann schaue ich mir sämtliche Theater mit und ohne Parkhaus wie die Radieschen von unten an. Und meine Frau, Theaterkritikerin, ist dann gefühlte 40. Und mein Sohn, Intendant in Kiel, reale 96, den juckt das dann auch nicht mehr. Selbst meine Enkelin, die gerade Schauspielerin wird, ist dann schon in Rente, die es dann nicht mehr gibt. Und ich habe 50 Jahre zurückgerechnet. Damals gab es noch das Schiller-Theater in Berlin und noch keine Schaubühne. Und vielleicht sind ja in 50 Jahren sämtliche Abonnenten kinderlos ausgestorben.

Aber dann habe ich am Freitag in Karlsruhe beim Radio-Regenbogen-Award Johannes Heesters auf der Bühne gesehen und gehört, 102 Jahre alt, den Zylinder keck schräg aus der Stirn geschoben, weißer Seidenschal, verführerischer Blick. Und er schmetterte mit schmelzendem Tenor den lebensfrohen Grafen Danilo aus der »Lustigen Witwe«: »Da geh ich zum Maxim« und »Ich duze alle Damen, ruf sie beim Kosenamen«.

Und da dachte ich, gut! Ich entrüste mich über den Hamburger Senat. Ich hab ja auch vier Kinder. Wer weiß, was in 50 Jahren ist. Oder wie Toyota, denen dann vielleicht das Rathaus gehört, sage ich: »Nichts ist unmöglich.« Gemeinnutz geht vor Eigensinn!

Schlaflos – aber nicht in Seattle

Die präsenile Bettflucht und der Bart

9. April 2006

Eines der großen Probleme unserer Zeit, habe ich letztens erst wieder gelesen, ist die Schlaflosigkeit. Teilweise hängt sie mit der Überalterung unserer Gesellschaft zusammen, also mit der präsenilen Bettflucht.

Das Gegenteil von Schlaflosigkeit ist die Schlafsucht, die Narkolepsie. Alfred Hitchcock litt im Alter an dieser Schlafkrankheit. Er schlief nicht nur beim Filmedrehen ein, sondern, er war Gourmet, gelegentlich auch beim Essen. Einmal fiel ihm beim Abendessen in einem Restaurant der Kopf beim Einschlafen in die Fischsuppe. Als er wieder auftauchte, sah er aus wie Neptun, den Fluten entstiegen, mit Algen und Muscheln an Kopf und Ohren.

Meine momentane Schlaflosigkeit aber hängt größtenteils mit dem Jetlag zusammen. Ich schreibe diese Zeilen von Bali, und hier ist es morgens, 3 Uhr 47, in Deutschland ist es erst abends, 21 Uhr 47. Wieder einmal bin ich meiner Zeit voraus. Schlaflos, aber nicht in Seattle, sondern auf Bali. In Seattle würde ich meiner Zeit hinterherhinken.

Im Flugzeug, zwei Reihen hinter mir, saß ein Mann mit so einem elaborierten langen Vollbart, wie man sie bei Bartweltmeisterschaften sieht: Kaiser-Franz-Joseph-Bärte, Bärte wie Ludwig II. von Bayern, Schnurrbärte wie Nietzsche, Modell »Genie und Wahnsinn«, Bärte wie Erzherzog Johann, obwohl ich gar nicht weiß, momentan, wie der

Bart von Erzherzog Johann aussah. Da weiß ich eher, wie der von Fidel Castro oder Karl Marx oder Freud aussieht.

Also, ich sah diesen Mann und dachte wütend, wenn ich morgen Nacht nicht werde schlafen können, dann wird dein Bart, lang, weiß, gewellt, gepflegt, schuld daran sein. Weil ich keinen eigenen Bart habe. Weil meine Frau mich täglich, nun ja, ersucht: Rasier dich bitte. Jetzt schläft sie selig unverschämt neben mir, und wenn ich schlaflos bin, darf ich sie erst recht nicht wecken, rasiert oder unrasiert. Und fern der Heimat.

In Wahrheit war mir bei dem Mann mit dem Bart im Flugzeug die Geschichte von einem anderen Mann mit einem schönen, langen weißen Bart eingefallen, den ein anderer Mann einmal bewundernd gefragt hat: »Oh, Sie haben aber einen schönen, langen Bart! Schlafen Sie mit dem Bart über oder unter der Bettdecke?« Von da an konnte der Mann nie wieder einschlafen. Weil er ständig über diese Frage nachdachte.

»Hält er, ist er Held«

Über Mauerblümchen und Torwarte als Clowns und Helden

16. April 2006

Bei der Einfahrt nach Singapur, als nicht nur der Lotse, sondern auch Laotse an Bord kam, erfuhr ich auf dem Schiff, dass Kahn nun nicht mehr die Nummer eins im deutschen Tor ist.

Mir tat er leid, ich erinnerte mich an meine Schulzeit, als die beiden Sportcracks die Mannschaft per Zuruf auswählten wie Klinsi den Nationalkeeper. Ich stand meist lange, bis kurz vor Tor-Schluss, wie ein »Mauerblümchen« (das sagte man damals noch) in der Tanzstunde. So auch beim »Völkerball«, den wir damals noch spielten, kurz nach der Völkerwanderung und der Völkerschlacht bei Leipzig. Ich hatte aber keine Wahl, ich musste Klassenclown werden.

Torwarte werden oft auch Klassenclowns. Kahn ist eher der gefürchtete Affe aus Borneo, dem die Gegner hinter seinem Tor Bananen zuwerfen. Sepp Maier war so ein Clown und Super-Keeper. Als ich jung und beim »Spiegel« war, erschien Peter Handkes Buch »Die Angst des Torwarts beim Elfmeter«. Der Titel ist eher irreführend. Das Buch handelt ebenso wenig vom Fußball wie Becketts »Endspiel« (er wäre im Fußballjahr 2006 hundert geworden). »Endspiel«, das ist nicht Deutschland gegen Ungarn '54, sondern Endzeit. Aus. Nichts geht mehr, der pure Nihilismus.

Trotzdem hat der »Spiegel« damals dem Torwart von »1860 München«, den »Bayern« jener Jahre, das Handke-Buch zur Rezension geschickt. Er hieß Petar Radenković, wurde »Radi« genannt, war Deutscher Meister, mehrfach, ein Clown, und sang das Lied »Bin ich Radi, bin ich König!«. Damals war Beckenbauer noch kein Kaiser.

»Radi« besprach das Handke-Buch nicht. Er war zu teuer, selbst für den »Spiegel«, so wie Ballack später für die Bayern. Aber er schrieb einen Brief in Jugo-Deutsch. »Titel ist Bledsinn! Torwart hat nicht Angst beim Elfmeter. Hält er, ist er Held. Hält er nicht, ist Schütze Idiot.« Kahn ist sogar Held, wenn er einen Kullerball durchlässt. Manchmal.

Lang lebe Latein!

Auf den Spuren der Sprache, die nicht so tot ist, wie man vielleicht glaubt

23. April 2006

Latein soll wiederbelebt werden. Habe ich jedenfalls in der Zeitung gelesen. Seit in den katholischen Kirchen nicht mehr lateinisch gepredigt wird und die meisten denken, dass Urbi et Orbi (der berühmte Dativus commodi von urbs und orbis) zwei Comicstrolche sind wie Fix und Foxi, gilt Latein als tote Sprache, mausetot, die nur noch in bestimmten Fachdialekten weiterlebt. Zum Beispiel dem Jägerlatein, dem Anglerlatein, dem Küchenlatein und dem Latein der Medizinerwitze. Seither lassen sich viele ein X für ein U vormachen, was bekanntlich lateinisch ist und so viel heißt wie fünf Euro für zehn Mark.

An Bord eines Kreuzfahrtschiffes lernte ich einen Zürcher Gesichtschirurgen kennen, eine internationale Koryphäe, und er stellte sich mir als S. vor, und wir tauschten Visitenkarten, nachdem er mich prüfend angesehen hatte, sodass ich dachte, er denkt, ich könne es nötig haben. Na gut. Auf der Karte stand »Prof. Dr. med., Dr. med. dent., Dr. h. c. mult. Hermann F. S.« (das S. natürlich nicht abgekürzt). Das »mult.« ist lateinisch und steht für mehrere Ehrendoktoren, wir kennen das Wort vom Geburtstagswunsch »ad multos annos«, den wir älteren Mitmenschen gern aufmunternd zurufen, bevor wir »Happy Birthday« zu singen beginnen.

Und aus der Schule, als wir noch multiplizieren lernten,

oder von den internationalen Multis. Und vom Multivitaminsaft. Jedenfalls fand ich den Arzt, der in Asien durch Krieg und Krankheit entstellten Kindern ehrenamtlich (honoris causa also) seine Hilfe zukommen lässt, aber auch berühmten Sängerinnen lieb und teuer ist, weil er ihnen zu ewiger Jugend verhilft, nicht auf der Gästeliste des Schiffs. Jedenfalls nicht unter S. Aber schließlich im Alphabet unter M. Als Professor Doktor Mult, Hermann Mult, Dr. h. c. Humoris causa! Lang lebe die tote Sprache.

Alpha-Tiere im Fahrstuhl

Über die Vorliebe englischer Politiker für Shakespeare

30. April 2006

Was passiert mit einem sogenannten Alpha-Tier, wenn es in ein Rudel, sagen wir: in ein Kabinett, gerät, in dem ein anderes Alpha-Tier das Sagen hat, es also zum Beta-Tier degradiert?

Die Frage lässt sich nahezu naturgesetzlich beantworten nach Mendel, Darwin, Freud oder der Graugans-Theorie von Konrad Lorenz. Der sich Unterwerfende weicht auf ein anderes Gebiet aus, auf dem er »Alpha« bleiben kann. Also stürzt er sich statt auf die Macht auf das Feld der Sexualität. Lieber im Bett der Erste als im Alphabet der Zweite, sagt sich so einer.

Dafür gibt es Beispiele aus der jüngeren deutschen Geschichte. Zum Beispiel Scharping, Sie erinnern sich? Als er Schröder im Kosovo-Felde nicht ausmanövrieren konnte, stürzte er erst vom Fahrrad, dann in einem Schwimmbecken in die Arme einer (fast) echten Gräfin. Da konnte Alpha-Schröder nicht mithalten. Oder Joschka Fischer. Von Alpha zu Beta, vom Koch zum Kellner herabgestuft, bot er Schröder Paroli und siegte 5:4 nach Verlängerung im Ehe-Elfmeterschießen.

In England weichen die von Tony Alpha Blair Unterworfenen besonders gern auf Erotik aus. Allerdings dort eher im Shakespeare-Format. Wir brauchen nicht auf Innenminister David Blunkett zurückzugreifen, der, vor

Eifersucht rasend, seiner verheirateten Geliebten öffentlich vorhielt, ihr eheliches Kind sei von ihm. Ein wahrer Othello, der sein Amt für seine blinde Raserei wegwarf.

Dann hat John Prescott, der Vize Blairs, gestanden, dass er mit seiner Sekretärin zwei Jahre lang Sex in der Dienstwohnung gehabt hat. Stehend im Fahrstuhl wurde er in flagranti erwischt. Mit 67! Respekt! Nun hat er aber gesagt, er bedaure das! Und hat so seiner Geliebten noch im Abschied einen Kinnhaken versetzt!

Und die Ehefrau? »Ich habe das alles ausführlich mit meiner Frau Pauline besprochen!«, sagt er und dann stolz: »Sie ist am Boden zerstört!« Das ist, frei nach Shakespeare, »nehmt alles nur in allem, ein Mann«. Ein Alpha-Mann. In Bett und Fahrstuhl unbesiegt!

Vom Leben und Sterben des Bertolt B.

Zu Brechts 50. Todestag

Jetzt sind wir nach dem Heine-, dem Freud-, dem Einstein- und dem Und-so-weiter-Jahr auch im Brecht-Jahr. Alt ist er nicht geworden, der wohl größte deutschsprachige Lyriker des letzten Jahrhunderts, ein Theatermann, dessen Strahlkraft auf Publikum, Theaterleute und Frauen man sich, 50 Jahre nach seinem Tod, nur schwer vorstellen kann.

Der arme B. B. (damals längst ein tantiemenreicher Mann) starb an einem verschleppten Herzleiden, ein Infarkt wurde nicht erkannt. Jetzt lebt er, der zwei der schönsten Liebesgedichte deutscher Sprache (»Erinnerung an die Marie A.« und über die Kraniche »Terzinen über die Liebe«) geschrieben hat, zumindest im Gassenhauer und Evergreen vom Haifisch, der Zähne hat und sie im Gesicht trägt, fort. Er war auch als »alter Mann«, er ist ja keine 60 geworden, ein Mackie Messer, der seine Zähne bis zuletzt gern in frisches Frauenfleisch schlug. Bei Eroberungen machte er keine Fisimatenten.

Die junge Käthe Reichel verfiel dem schmächtigen Mann, nachdem er ihr seine derben »Mach die Beine breit«-Gedichte auf den Leib geschrieben hatte. Die junge Isot Kilian machte er, mit Billigung und tätiger Hilfe seiner Frau Helene Weigel, zu seiner Geliebten und schaltete deren Ehemann, den kommunistischen Philosophen

Wolfgang Harich, aus, indem er ihm, als der sich eifersüchtig beschwerte, vorschlug: »Lassen Sie sich jetzt von ihr scheiden, und heiraten Sie sie in ungefähr zwei Jahren wieder!«

Das war 1954. Und 1956, nach »ungefähr zwei Jahren«, war Brecht fahrplanmäßig tot. Vorher hatte er Isot Kilian sein Testament diktiert, in dem er sie und Käthe Reichel, aber auch ältere abgelegte Geliebte wie Elisabeth Hauptmann oder Ruth Berlau, die im Kummer ersoffene alte Liebe, bedachte. Er beauftragte Isot, es abzuschreiben und beglaubigen zu lassen, was sie vergaß.

Nach Brechts Tod war die Witwe beinhart, focht das Testament an und obsiegte: Die Mitarbeiterinnen am Schreibtisch, auf der Bühne und im Bett gingen leer aus. So schrieb er noch mit seinem Sterben eine Fortsetzung der Dreigroschenoper; Titel: »Sterben und erben lassen«.

Angela Merkel mit der Welt auf Du und Du

Über sich duzende Politiker

Die Sprache, so sagt man, haben die Menschen erfunden, um einander misszuverstehen. Das muss bei den Bauarbeiten zum Turm von Babel gewesen sein. Seit der Zeit herrscht babylonische Sprachverwirrung. Ein Beispiel? Gut. Bei dem Kollegen Hugo Müller-Vogg lese ich diese Woche, dass sich unsere Kanzlerin gleich mit vier anderen Großen dieser Welt duzt. Sie steht mit Frankreichs Präsident Chirac auf dem Duzfuß, der ihr als Erster galant das Du angeboten habe. Er applizierte ihr einen öffentlichen Handkuss, bestellte eine Flasche Wein, und dann war es beim Tête-à-tête geschehen: »Erst ein Kuss, dann ein Du«, wie die Operette weiß.

14. Mai 2006

Auch dass sie mit Putin auf Du und Du steht, ist nachvollziehbar. Beide können perfekt in der Sprache des andern aneinander vorbeireden, auch ohne Dolmetscher. Da kann es schon mal zum Du kommen (»Wladimir, so ich dir«), auch ohne die althergebrachten Zungenküsse unter Bruder-Genossen, siehe Honecker und Breschnew, oder weniger innig Gorbi.

Aber dann wird's schwierig. »Angie«, wie sie in der angelsächsischen Welt genannt wird, soll auch bei Premier Tony Blair und Präsident George W. Bush Duzschwester unter Duzbrüdern sein. Und das kann ich mir schwer vorstellen. Nicht wegen der Zeremonie, da gibt's Schlimmeres. Auch nicht wegen der Frage, ob sie Bush »Double-You« nennt. Sondern wegen der Sprache. Die Engländer haben bekanntlich kein »Du«, da kennen die nix. Außer in der Bibel, wo sie sogar Gott mit »thou« duzen. Bei meiner Aussprache klingt »thou« wie Sau!

Aber dann fällt mir Kohl ein, als der noch nicht »Alt«-Kanzler war, wie der sich aus der Bredouille half, indem er zu Maggie Thatcher sagte: »You may say you to me!« Oder hat er sie gefragt: »May I say you to you?« Egal. Am gleichen Tag las ich, Wissenschaftler hätten herausgefunden, dass Delphine die einzigen Lebewesen außer Menschen sind, die sich mit sogenannten Signaturpfiffen beim Namen rufen können. Mit Du oder mit Sie? Darauf werden die klugen Wassertiere pfeifen!

Sex im Paradies: Neues aus dem Menschenzoo

Über Affenliebe

21. Mai 2006

Es ist noch gar nicht lange her, als man sich auch in Europa die Köpfe heißredete, ob der Mensch ein Unikat, das Ebenbild Gottes sei oder ob er mit den Affen aus einer entwicklungsgeschichtlichen Serie stamme. Mensch und Affe verwandt! Der reine Darwinismus! Damals also, vor 100 Jahren, kam ein Junge aus der Schule nach Hause, sah seinen Vater prüfend an und sagte: »Du, Papa, der Lehrer hat uns heute erzählt, dass der Mensch vom Affen abstammt.« Darauf der Vater wütend: »Du vielleicht! Ich nicht!«

Nach den neuesten Erkenntnissen ist diese Antwort gar nicht so dumm, denn ein Forscher in Cambridge, USA, hat herausgefunden, dass Menschen und Schimpansen einst einander sexuell gar nicht abgeneigt waren. So vor rund sechs Millionen Jahren. Etwa. Später als bisher angenommen. Da herrschte reger Geschlechtsverkehr zwischen Schimpansen und Menschen, wie genetische Knochenanalysen beweisen.

Affenmäßig klingt das, wenn man bedenkt, dass der alte Brehm in seinem Tierleben über das Verhältnis zwischen Mensch und Affe konstatierte: »Es ist beachtenswert, dass wir nur diejenigen Affen wirklich anmutig finden, die die wenigste Ähnlichkeit mit den Menschen zeigen.« Also keine Affenliebe zwischen Primaten. »Unser Widerwille begründet sich auf deren leibliche wie geistige Begabungen. Sie ähneln dem Menschen zu viel und zu wenig!« Bedenkt man aber die Regsamkeit bei unserem nächsten Verwandten, dem Bonobo in Afrika – so ist dieser Zwergschimpanse geneigt, sich täglich 30-mal seiner Bonoba sexuell aufmerksam zu erweisen, auch in Zeiten von WM-Fußball-Übertragungen –, dann versteht man, wie es zu sexuellen Grenzüberschreitungen kommen musste. Jedenfalls vor sechs Millionen Jahren.

Später, im Viktorianismus, war das anders. Als da eine Gouvernante mit ihren Kleinen im Zoo die Affen beim schamlosen Treiben im Käfig sah, erschrak sie und schob dem triebhaften Tier Bonbons durch die Gitterstäbe. Worauf ein Kleiner fragte: »Would you stop it for a candy?« (Würden Sie für ein Bonbon aufhören?) Eine Frage, die sich Schimpansen und Menschen in freier Wildbahn vor Millionen Jahren gar nicht erst stellten. Auch weil es noch keine Bonbons und Gitter gab. Da war der King Kong noch König.

Wie man ganz schnell zum Hochstapler werden kann

Über unabsichtliche Fehlbesetzungen und deutsche Adlige, die sich in den Rücken beißen lassen

28. Mai 2006

In London war das, da ist dieser Tage ein Afrikaner aus Togo in einer Fernsehdiskussion aufgetreten, in die er nicht reingehörte. Der Mann hatte in der Halle gesessen, weil er sich um Arbeit bewerben wollte, da kam ein Redakteur und holte ihn zu einer TV-Diskussion.

Und als die Diskutanten merkten, dass der Mann aus Togo sozusagen im falschen Film war, und er merkte, dass er sozusagen nur Bahnhof verstand, da war alles zu spät, und die Sendung lief live. Und später soll der falsch gebetene Studiogast auch noch keine Aufenthaltsgenehmigung gehabt haben. Such is live und life! Schrecklich!

Ja, wenn's wenigstens um Fußball gegangen wäre, da hätte er sagen können: »Der Ball ist rund« und »Ein Spiel dauert 90 Minuten«. Oder: »Bei einem Turnier gelten eigene Gesetze!« Schließlich: »Ja, is denn scho Weihnachten?« Aber so …

Mir ist das vor Jahren auch schon einmal passiert. Wenn auch nicht genau so, dann so ähnlich, wenn auch ganz anders. Also, ich war Freitagnachmittag zu einer Untersuchung im Krankenhaus, und der Arzt riet mir, aus Sicherheitsgründen über Nacht dazubleiben. Am Morgen um sechs ging's mir gut, es war Sonnabend, ich wollte schnell nach Hause, der Arzt ließ sich erweichen, er bestellte ein Taxi! Für »Doktor Karasek«! Der Taxifahrer kam.

Und dann passierte es. Er fragte: »Anstrengende Nacht gehabt, Herr Doktor?« Und ich antwortete: »Es geht!« Und schon saß ich in der Falle. Er sagte nämlich: »Wenn ich Sie schon im Auto habe, Doktor, darf ich Sie was fragen? Ich habe da so ziehende Schmerzen im Rücken …« Und ich, zu feige, ihn darüber aufzuklären, dass ich ein Patient und kein Arzt sei, fing an hochzustapeln. Hätte ich damals schon was von einem der letzten, dem wirklich allerletzten Hohenzollern, »Foffi«, gewusst, hätte ich ihm geraten, sich von Doktor Dot in den Rücken beißen zu lassen (»Der Rücken ist mürbe und schmeckt wie Prinzenrolle«). Aber so! Ich sagte etwas von hart oder weich liegen. Je nachdem! Und von Gymnastik. Unter Aufsicht! Und von Wärme und Kälte. Von Fall zu Fall. Was man so bei Christiansen auch sagen würde. Dann waren wir am Ziel. Ich stieg aus, schweißgebadet. Such is life!

Leider erwischte ich den Fahrer wieder. Er sagte, meine Ratschläge hätten ihm wirklich geholfen! Ich sagte, das sei kein Wunder, denn ich sei kein Doktor med., sondern Doktor phil.! Bücher, nicht Rücken!

Das wahre Spiel läuft auf den Großleinwänden

Über den Start der Fußball-WM,
die pfeifende Kanzlerin und einen eher
unauffälligen Bundespräsidenten

»Ende gut, alles gut«, lautet der Titel einer Shakespeare-Komödie, und ein ähnliches Sprichwort, nur weniger optimistisch, heißt: »Man soll den Tag nicht vor dem Abend loben.« Über besonders hoffnungsfrohe Lebensoptimisten gibt es den bösen Witz vom Mann, der vom 102. Stock des Empire State Building in Manhattan stürzt und, als er das 40. Stockwerk passiert, denkt: Bis jetzt ist ja noch alles gut gegangen.

Wir sind bei der WM 2006 noch am Anfang, in der Vorrunde, aber da eine WM nicht stürzt, sondern steigt, und da ich nicht nur ein »Verfassungspatriot« (wie Habermas) und nicht nur ein Wiedervereinigungspatriot (wie Brandt, der Metaphoriker des Zusammenwachsens des Zusammengehörigen), sondern auch ein Fußballpatriot (wie zurzeit etwa 50 Millionen Deutsche) bin, sage ich: Der Anfang war prima. Der Fußballrausch, neben Oktoberfest- und Karnevalsrausch, der gern in Aggressionsorgien und Bierleichen endet, verlief als friedliches Volksfest … und die deutsche Mannschaft spielte angenehm, ja unbekümmert nach vorn gerichtet, wie im Confed Cup. Selbst die beiden Schnitzer waren, da sie die Mannschaft zu schönen Toren beflügelten, zumindest spannungsschaffend.

Und was den Nationaltaumel betrifft: Da trifft es sich

gut, dass Deutschland zurzeit über den besseren polnischen Sturm verfügt als die (von Ecuador) zu null besiegten Polen. Und dass Klinsmann auch mit kalifornischen Methoden arbeitet.

Bei der Eröffnungsfeier, die neben Bayernfolklore auch Berliner Dancehall-Musik von »Seeed« bot, pfiff und klatschte Angela Merkel mit, und der Bundespräsident hielt eine so unbedeutende Rede (so als eröffnete er eine Autobahnraststätte oder eine Sparkassen-Filiale) unter anderem vor Milliarden Zuschauern, 160 persönlich anwesenden Weltmeistern aus sechs Jahrzehnten und sieben Nationen, dass weder für Humor noch für Nationalgefühl der geringste Raum blieb – auch Unauffälligkeit kann angenehm, kann okay sein. Und die Tickets? Das wahre Spiel läuft inzwischen vor den Großleinwänden. Und hier zeigt sich Deutschland von seiner besten Seite. »Einigkeit und Recht und Freiheit«, auf einmal ist das auch ein Satz des Fußballpatriotismus. Bis jetzt. Und hoffentlich bis zum Ende der WM.

Wie der Sport die Familie teilt

Schwere Verhandlungen: Über den Versuch, meiner Frau den Fußball schmackhaft zu machen

Früher habe ich bei fußballerischen Großereignissen, um die Spaltung der Familie in eine sportliche und eine nicht sportliche Fraktion zu verhindern, meine Frau mit Versprechungen zu ködern gesucht: Wenn Deutschland diesmal gewinnt, dann gewöhne ich mir das Rauchen ab. Echt! Versprochen! Oder: Wenn wir Europameister werden, dann nehme ich fünf Kilo ab.

Das klappte nicht. Du kannst mir das Ergebnis ja dann erzählen, sagte meine Frau, während sie so unsportlichen Tätigkeiten wie Schwimmen oder Fitness-Training nachging und mich beim Fußball mit meinen Torschreien allein auf der Couch ließ. Allein musste ich den Siegern zuprosten.

Plötzlich war alles anders. Meine Frau schaute freiwillig zu, wenn ich mich auf den beschwerlichen Weg machte, Weltmeister zu werden. Und auch das Abseits, das ich ihr schon mehrere Male erklären durfte, hatte sie verstanden. Bis mein Sohn kam und mir erklärte, dass ich ihr das Abseits falsch erklärt hatte, das aktive wie das passive.

Im Viertelfinale dann, vor dem Spiel, wollte ich sie und mich beruhigen. Hoffentlich gewinnen wir, ich stöhnte und hüpfte unruhig auf der Couch hin und her. Doch schnell fügte ich heuchlerisch hinzu: Der Bessere soll gewinnen, Hauptsache, es wird ein schönes Spiel.

Bis zur Pause, ich war wie alle meine Brüder und Schwestern im Fußball-Geiste hochgradig nervös. Es stand 0:0, und die anderen (es waren Argentinier, nicht mehr die Schweden und noch nicht die Italiener) hatten über 60 Prozent Ballkontakte.

Der arme Niko, sagte ich zu meiner Frau, denn mein Sohn war auf der Fanmeile. Ach, wenn wir verlieren! Ich meinte nicht den armen Niko, sondern mich Armen!

Meine Frau, noch nicht gefestigt im Fußball-Glauben, versuchte mich zu beruhigen. Für uns ändert sich doch nichts. Weder gewöhnst du dir wirklich das Rauchen ab, noch sieht es auf unserem Konto besser aus, noch musst du nächste Woche nicht zum Zahnarzt. Außerdem, sagte sie spöttisch, sind »wir« schon Papst! Das missverstand ich, denn ich sagte: »Das tröstet mich überhaupt nicht. So gut wie alle unsere kommenden Gegner sind katholisch, da muss Gott doch unparteiisch bleiben, sonst hätte Italien auch noch einen Skandal in der allerhöchsten Liga.«

Aber da hatte Klose uns schon in die Verlängerung geschossen, und Lehmann hatte uns ins Halbfinale gehalten: Fußballsiege können so friedfertig sein! Und meine Frau hatte endgültig verstanden, warum beim Elfmeterschießen der Ball ins Tor muss. Vorläufig, bis es ihr Niko, mein Sohn, besser erklären wird.

Schreibfehler haben auch ihren Charme

Über die Reform der Reform

23. Juli 2006

Am 1. August tritt die Reform der revidierten Revision der Rechtschreibreform von 1996 vorläufig endgültig in Kraft. Auch der Verlag Axel Springer richtet sich nach dem neuen Duden mit seinen 1214 Seiten. Der erste Reformduden, der von 1996, hatte übrigens nur 910 Seiten. Gibt es etwa in den zehn Jahren für 300 volle Seiten neue Wörter, neue Begriffe? Nicht die Bohne, aber da so viel zurückverändert wurde und man den Reformern helfen wollte, ihr Gesicht zu wahren, kennt man jetzt Alternativen! Leid antun, aber leidtun.

Mir fallen dazu edle Pferde aus meiner Jugend ein, die aus Blumento stammten, einem feurigen Ort, den ich bei Toledo, Toronto oder Tuxedo vermutete. Dabei war es nur ein Trennungsfehler, keine Pferde. Blumento-Pferde war Blumentopferde, falsch getrennt.

Sagen Sie nicht, das sei albern! Denn die Reform der Reform macht auch durch die Reform falsch getrennte Begriffe gegenstandslos. Zum Beispiel den Urin-Stinkt, den man sich als Gegenteil des Rosendufts vorstellen durfte. Er, dachte man, entsteht auf WM-Fanmeilen und bei Love Parades, wenn Männer ihrem Urinstinkt folgen, um hemmungslos große Bäume totzupinkeln. Jetzt endlich, August 2006, ist der Urin-Stinkt nur noch ein Urinstinkt, wieder untrennbar oder nur als Ur-Instinkt! Hurra!

Wie der Anal-Phabet kein schwuler Jünger der Love Parade mehr ist, sondern ganz einfach wieder einer, der nicht lesen und schreiben kann. August 2006, wieder ein An-alphabet.

Fehler haben auch ihren Charme. Als es noch Blumento-Pferde gab, schickte mir ein Mädchen ein Photo (heute: Foto), und da es kein Brustbild war (auch so ein damals irreführender Ausdruck!), sondern sie von Kopf bis Fuß zeigte, wenn auch im einteiligen Badeanzug, schrieb sie auf die Rückseite: »Hier hast du mich Gans!« Und Duden hin oder her, Reform ja oder nein: Sie hatte Recht. Oder sie hatte recht und Recht. 1994 hätte sie nur recht gehabt. Ganz recht!

Der kleine Unterschied

Über den Kultursommer in Salzburg

6. August 2006

Aus gegebenem Anlass (Festspiele) in Salzburg, darf ich wieder sinnieren, was die Stadt, nur einen Seitensprung von Deutschland entfernt, neben Mozart, ihrer Lage, ihrem Dom auszeichnet und von Deutschland unterscheidet. Dass hier Operngänger statt Smoking einen Smokingjanker tragen und Damen ein Designer-Dirndl mit Rokoko-Rock und Barock-Ausschnitt, zeigt: Kuppeln wie am Dom, aber hautnah.

Aber in erster Linie ist es die Sprache. Deutschland und Österreich sind zwei Länder, sagt man, getrennt durch die gemeinsame Sprache. So ist es, auch wenn Salzburg im Sommer die Kulturhauptstadt des Ösis ist und die Sommerfrische Münchens.

Aber was ist der Bayer? Laut Definition vereint er preußischen Charme mit österreichischem Pflichtgefühl, eben bayerisches Bauernbarock. Und so hört man in Salzburg beispielsweise im »Triangel« oder im »Café Bazar« immer den neuesten Ösi-Piefke-Witz. Piefkes heißen die Deutschen, weil Piefke für Ösis so berlinerisch klingt wie die Namen Raffke, Klaffke, Damaschke.

Also: Zwei Ösis in einem Salzburger Beisl bestellen ein Tellergulasch. Es ist zu schwach gesalzen. Sie versuchen es mit dem Salzstreuer. Der ist verstopft. Resignierend schaufeln sie das Gulasch (den Gulasch?) in sich hinein.

Kommt ein Piefke, unverkennbar an seiner Berliner Redeweise auszumachen, bestellt auch ein Tellergulasch. Das oder der Gulasch kommt, der Piefke kostet. Schadenfroh beobachten ihn die Ösis, als auch bei ihm kein Salz aus dem Streuer kommt. Da nimmt der einen Zahnstocher, macht die Löcher im Streuer frei und salzt sein Gulasch nach. Die beiden Ösis schauen sich an, bis der eine sagt: »Technisch san's uns überlegen, die Piefkes!«

Mir fällt ein, dass es den Witz schon martialisch in den »Letzten Tagen der Menschheit« bei Karl Kraus gab. Da sagt ein österreichischer Offizier im Ersten Weltkrieg, als die Piefkes die Ösis zunächst militärisch an der Galizienfront raushauten, seufzend: »Wir haben den Charme, das gewisse Etwas, das bestimmte Je ne sais quoi. Aber sie, die Preußen! Sie haben die Organisation!« Weshalb wieder ein Piefke, nämlich Jürgen Flimm, Festivalchef ist. Organisation! Technisch überlegen!

Das Buch, das glücklich macht, weil es wahr ist

Über »Everyman« von Philip Roth

27. August 2006

Heute möchte ich mir zum ersten Mal in meinem Leben öffentlich den nächsten Nobelpreisträger für Literatur wünschen. Nicht, weil das was nützen würde, wer bin ich denn? Aber vielleicht hat einer der älteren Herren in Stockholm, die darüber befinden, zufällig noch nicht das Buch, das ich meine, gelesen und könnte auf diese Weise zur Lektüre angeregt werden, denn es ist ein so unwiderstehlich gutes Buch, wie ich seit Langem, seit Jahren keins in den Händen gehalten habe.

Auch nicht, weil ich den Nobelpreis für das höchste Gütesiegel hielte, das einem Buch zukommen könnte: Irren ist menschlich, auch bei Nobelpreisgremien, und ob Dario Fo oder Elfriede Jelinek … nein, ich will hier nicht mosern, es ist schon gut, wie es ist. Aber schon damals, als er den besten Roman seiner Romane noch nicht geschrieben hatte, hätte er ihn verdient gehabt, dringend: Nämlich der Amerikaner Philip Roth, der jetzt seinen geglücktesten Roman vorgelegt hat: »Everyman«, »Jedermann«.

Das Buch, keine 200 Seiten dick, ist die erstaunlichste, ebenso knappe wie reiche Summierung eines Lebens. Des Lebens eines durchschnittlichen Mannes, eben Jedermann, der so lebt, wie wir leben, und so stirbt, wie wir es befürchten und erwarten – und doch ist es eine ganz einmalige, ganz persönliche Geschichte. Und das Wunder ist, dass sie zwar zeitlos scheint, aber eben nur jetzt spielen kann, heute, da eine Generation abtritt, die es nicht fertiggebracht hat, ihr Leben in einen sozialen Zusammenhang und Zusammenhalt (etwa den der Familie) zu binden.

Das Buch macht traurig bei der Lektüre, weil seine Unausweichlichkeit so logisch ist und so zufällig zugleich scheint. Warum ist der eine krank, der andere gesund? Warum verliert der eine die Liebe, wo er sie doch so braucht?

Auch deshalb macht das Buch glücklich, weil es in jeder Zeile wahr ist. Und wenn Philip Roth schon nicht den Nobelpreis bekommen sollte: Lesen Sie es!

Was darf Benedikt XVI. sagen?

Zu einer umstrittenen Rede

17. September 2006

Wie viele Divisionen hat der Papst? Diese Frage stellte Stalin seinen westlichen Alliierten Roosevelt und Churchill in Jalta, als es um die Zukunft Osteuropas nach Kriegsende ging.

Der Papst hatte zu wenig, um Polen oder Ungarn die kommunistische Herrschaft über ein halbes Jahrhundert zu ersparen. Er hatte genug, um den Stalinismus und die Sowjetherrschaft zu beenden, als Johannes Paul II. den Widerstand der Gläubigen mit dem der Gewerkschaften zu verbinden verstand. Es war ein langer Weg.

Wie viele Divisionen hat Papst Benedikt XVI., wenn er die Dschihadisten und Vertreter einer kämpferischen Scharia jetzt in Regensburg mit einer Vorlesung herausforderte, indem er den byzantinischen Kaiser Manuel II. zitierte: »Zeig mir doch, was Mohammed Neues gebracht hat, und da wirst du nur Schlechtes und Inhumanes finden wie dies, dass er vorgeschrieben hat, den Glauben, den er predigte, durch das Schwert zu verbreiten.«

Darf der Papst das? Darf er es als Papst? Und wie viele Divisionen hätte er unter den eher lauen Christen Europas, die sich (glücklicherweise) nicht mehr für Kreuzzüge entflammen lassen? Ich glaube, die Empörung wird sich legen, weil der Papst vor allem an die Muslime in Europa appelliert hat, die ihren Glauben nicht mehr mit Feuer und Schwert, mit Selbstmordanschlägen und Fahnenverbrennungen verteidigen, die also manche herrschende Tendenz ihrer hergebrachten Religion liberalisieren, zum friedlichen Zusammenleben und zur Toleranz bereit sind. Bei ihnen vor allem hat sich der Papst inzwischen für Missverständnisse entschuldigt.

Es ist die Mahnung an Muslime, nicht das Kämpferische ihres Glaubens in den Mittelpunkt zu stellen, sondern die geistige Auseinandersetzung und das religiöse Nebeneinander. Das mussten auch die Christen lernen, zuletzt auch die katholische Kirche. Aber ein Dialog lässt sich nur dann führen, wenn auch die Gegenseite dazu bereit ist.

Mozart-Oper: Selbstmord aus Angst vor dem Tod

Wir streiten ja nur über Symbole

Kann man die Kuh vom Eis holen, wenn das Kind in den Brunnen gefallen ist? Eine knifflige, eine philosophische, eine scholastische Frage.

Daher zunächst der Reihe nach. Irgendwann im Sommer meldete sich eine ältere, besorgte Abonnentin (da ich selber älter und dementsprechend besorgt bin, darf ich das so schreiben) bei der Deutschen Oper Berlin. Sie habe gelesen, der »Idomeneo« in der Neuenfels-Inszenierung würde wieder aufgenommen. Da würde doch Mohammed geköpft. Symbolisch, versteht sich, neben Christus, Buddha und Poseidon. Ob es da keinen Ärger, eventuell sogar Terroranschläge geben könnte?

Die Opernchefin zeigte sich besorgt, fragte bei den Sicherheitsbehörden nach, die wiegten dann bedenklich ihre ungeköpften Köpfe, schrieben, man könne nie wissen. Und flugs setzte die Intendantin in vorauseilender Angst die Vorstellung ab. Vielleicht wollte sie's klammheimlich tun, aber es wurde ruchbar. Und schon war das Kind in den Brunnen gefallen, die Milch verschüttet. Es war eine Einladung an alle Einschüchterer, Fanatiker und Terroristen: Mein Name ist Angsthase! Bitte köpft mich! Im Namen der Meinungs- und Kunstfreiheit. Allah ist groß, und Mozart ist sein Prolet. Es war wie Selbstmord aus Angst vor dem Tod.

Dann aber kam Innenminister Schäuble und hielt seine Islamkonferenz ab. Und lud alle zu der »Idomeneo«-Aufführung ein. Und fast alle lächelten tolerant. Und wenn die Vorstellung wieder angesetzt wird, dann ist die Kuh vom Eis, Friede, Freundschaft, Toleranz.

Nun stelle ich mir vor, die in Berlin so toleranten Islamgläubigen werden aufgefordert, in den islamischen Ländern dafür zu plädieren, dass der Sender al-Dschasira so lange verboten wird, wie er Gewaltvideos von vor der Kamera geköpften Ungläubigen durch irgendwelche Terrorkommandos im Namen des Propheten Mohammed zeigt. Wegen Gewaltverherrlichung und Mordhetze. Wäre das nicht auch eine Art Toleranzangebot? Wie du mir, so ich dir. Aber wir streiten ja nur über Symbole. Oder schütte ich mit diesem unfrommen Wunsch schon wieder das Kind mit dem Bade aus?

Europas Kinderspiel mit dem Feuer

Über Verordnungen, um die sich EU-Bürokraten so ihre Sorgen machen

15. Oktober 2006

Gern habe ich meinen Kindern, als sie klein waren, die Bildergeschichten aus Heinrich Hoffmanns »Struwwelpeter« vorgelesen, wenn auch zur Abschreckung. Die Geschichte vom Daumenlutscher, dem der Schneider (»Weh, jetzt geht es klipp und klapp«) beide Daumen abschneidet, die vom Suppenkasper, der keine Suppe isst und schließlich dünn »wie ein Fädchen« verscheidet, weil er nur noch »ein halbes Lot« wiegt – Lot reimte sich auf tot.

Vor allem aber die Geschichte von Paulinchen, die ohne Super Nanny allein zu Haus war, mit dem Feuer spielte und zu einem Häufchen Asche verbrannte, beweint von Minz und Maunz, den Katzen. Nur die Schuhe, offenbar feuerfest imprägniert, überlebten, wenn man das von Schuhen so sagen kann. Dabei beginnt die Geschichte so heiter: »Paulinchen war allein zu Haus, / Die Eltern waren beide aus! / Als sie nun durch das Zimmer sprang / Mit leichtem Mut und Sing und Sang, / Da sah sie plötzlich vor sich stehn / Ein Feuerzeug, nett anzusehen!« Es kommt, wie es kommen muss, nachdem sie »Ei« gesagt hatte, »ei, wie schön und fein! / Das muss ein trefflich Spielzeug sein.« Und schon ist sie ein Häufchen Asche!

Mir fiel das traurige Los des kleinen Mädchens wieder ein, als ich jetzt lesen musste, dass Bayern im Bundesrat das »Aus für die Feuerzeugverordnung« der EU im

Bundesrat bereitet hatte. Offenbar wollte die Behörde, die für Unreinheit im Bier und Antidiskriminierung am Arbeitsplatz sorgt (etwa dadurch, dass Bayern München in seine Elf einen Beinamputierten, eine Frau und einen Homosexuellen von der Elfenbeinküste aufnehmen muss), kindersichere Feuerzeuge schaffen, die an Kindern, nicht älter als 51 Monate – nach Adam Riese also ein Zwerg von viereinviertel Jahren –, getestet werden sollten. Und zwar von hundert Kindern pro Feuerzeug, die zu einem zentralen Prüfort anreisen. Bei der Feuerprobe müssten, so die geplante Verordnung, sich immer zwei Kinder im Prüfraum befinden. Ganz schön raffiniert, Brüssels Bürokraten: eines zum Zündeln und eines zum Löschen! Das schmetterte Bayern (zwei Eliteuniversitäten, einen Stoiber, einen FC Bayern) ab. Paulinchen darf weiter zündeln. In Europa. Ihr »Feuerzeug« übrigens war eine schlichte Zündholzschachtel.

Lupenrein, stubenrein

Über den seltsamen Humor
des Wladimir Putin

22. Oktober 2006

Das Wort »lupenrein« stammt aus der Diamantenbranche. Es bezeichnet einen Edelstein, der unter dem Vergrößerungsglas keine Verfärbungen, Trübungen, Bläschen oder Einschlüsse aufweist. Übertragen auf die Politik, und mit dem Wort »Demokrat« gekoppelt, bedeutet es, dass jemand eine makellos weiße Weste hat und keine schmutzigen Hände. Dass er Andersdenkende, sich anders Äußernde, um das Geringste zu sagen, nicht mundtot macht. Und keine (Journalisten als) Leichen im Keller vergräbt.

Das Wort »stubenrein« stammt aus der Haustierwelt. Es bedeutet, dass Klein-Fiffi aufhört, den Teppich oder das Sofa vollzupinkeln. Übertragen ist es ein Begriff der bürgerlichen Welt und kennzeichnet einen Menschen, der nichts Schlüpfriges, Anstößiges, Obszönes von sich gibt. Jedenfalls nicht in der guten Stube.

Wir kommen zu Putin, Russlands lupengeprüftem Präsidenten. Der empfing neulich Israels Ministerpräsidenten Olmert. Beim Treffen im Kreml rempelte Putin seinen Gast mit einer, wie er wohl glaubte, ironisch-witzigen Bemerkung an. Es ging um die sexuellen Verfehlungen, die Israels Präsidenten Katzav vorgeworfen wurden. »Zehn Frauen hat er vergewaltigt«, soll Putin gehöhnt haben. »Er hat uns alle überrascht. Wir beneiden ihn.« Und das in Russlands bester Stube, dem Kreml!

Man mag das als einen atavistischen Rückfall ansehen. Denn der Lupenreine war als ungeschliffener Rohdiamant russischer Stasi-Chef in Dresden. Und man darf vermuten, dass in Kasinos solche Schenkelklopfer-Scherze genüssliches Männergelächter provozieren. Das waren noch Zeiten, ha, ha, ha, als man Frauen einfach vergewaltigen konnte! Na sadorowje! Es ist schon ein seltsamer Humor, der Putin da entschlüpfte. Mal sehen, ob dieser Humor seines besten Freundes und Gönners auch in Gerhard Schröders »Erinnerungen« Niederschlag findet. Man hat beide doch dauernd zusammen lachen sehen.

Schnappschüsse des Krieges

Auf der Suche nach dem Skandal in Afghanistan

29. Oktober 2006

In meiner Kindheit lebten in unserer Nebenwohnung die Witwe eines Buchhändlers und ihr Sohn, mein Freund. Und im Sekretär des Bücherschranks stand die kleine Figur eines schwarzsamten angezogenen Mannes mit schwarzem Samtbarett, der einen Totenschädel in der Hand hielt.

Ich dachte lange, es sei dies eine Figuration des Dr. Faust, aber obwohl der Totenschädel zu seiner Studierstube samt Bibelübersetzung und Teufel gepasst hätte, war es natürlich Shakespeares Hamlet. Inzwischen habe ich diesen Totenschädel in zahlreichen »Hamlet«-Aufführungen in der Totengräber-Szene gesehen, in der der Prinz, der den Tod seines Vaters rächen will und dabei in den eigenen Tod stürzt, den Schädel des Hofnarren Yorick in den Händen hält, dessen Lippen, die immer zu derben Scherzen aufgelegt waren, inzwischen vom Gebein gefallen sind.

Das Mittelalter, das Barocke kam, wenn es um den Tod ging, ohne den Totenkopf nicht aus, das Fleisch scheint dann vergänglich, und in der Hölle gibt es den Schädel sogar als makabre Kegelkugel, die Gebeine bilden die Kegel, die beim Umfallen knöchern klappern.

Golgatha übrigens, wo das Kreuz stand, heißt Schädelstätte, weil Richtplätze, zum Beispiel Galgen, auf Todesfeldern errichtet waren, aus denen (Memento mori! – Bedenke, dass du sterblich bist!) auch die Schädel quollen, die die apokalyptischen Reiter begleiteten.

In Mexiko mit seinem Totenkult leuchten zu Allerseelen und Allerheiligen die kerzengefüllten Totenschädel aus Zucker – sie werden später gegessen –, an Halloween werden sie aus Kürbissen nachgeschnitzt und nachempfunden. Goethe hatte lange Schillers Totenschädel als Requisit in seinem Arbeitszimmer.

Die Soldaten in Afghanistan haben wohl ein aufgelassenes Totenfeld aus der sowjetischen Kriegszeit, wo jetzt eine Straße gebaut wird, gefunden. Da gräbt man wie auf einer deutschen Autobahn, aus Versehen in Gestalt einer Weltkriegsbombe, den Tod aus. Er, der reale Tod, ist der einzige, der eigentliche Skandal jedes Krieges. Und nicht die Bilder einer handybesessenen Schnappschusswelt.

»Im Gesicht fehlt mir ja nichts«

Über Mienenspiel und Moral

5. November 2006

Neulich besuchte ich einen Freund im Krankenhaus. Wie er so rosig zwischen den weißen Kissen lag, sagte ich: »Du siehst aber gut aus!« »Im Gesicht fehlt mir ja auch nichts«, antwortete er mit grimmigem Grinsen. Seither habe ich diese Antwort oft gehört und manchmal auch gegeben, wenn ich auf die Frage, wie es mir gehe, wider alle guten Sitten mit einer hypochondrischen Klage geantwortet habe.

Das Gesicht, sagt man, ist der Spiegel der Seele. Wir wollen nicht übertreiben, aber das Schaufenster unserer Befindlichkeiten ist es schon. Man kann es verlieren oder wahren, seine Züge können entgleisen, als wäre es ein Bahnhof. Und normalerweise wollen wir mit dem Gesicht zeigen, dass es uns (Grins! Grins!) gut geht.

Moralisten sagen, man sei von einem gewissen Alter an für sein Gesicht verantwortlich. Oscar Wilde hat darüber einen unmoralischen Roman geschrieben: »Das Bildnis des Dorian Gray«. Der Held lebt lasterhaft (so nannte man das damals), aber nicht seine Züge verändern sich, sondern das Gesicht eines Porträtgemäldes – bis er wütend darauf einsticht, tot neben dem Bild hinsinkt, alt und verlebt aussieht, während das Bild jetzt wieder ewige Jugend verkündet.

Wir haben uns in den 60er- und 70er-Jahren mit dem Spruch getröstet: »Lieber vom Leben gezeichnet als von

Picasso gemalt!« Wir waren eben Banausen, was das Leben und was die Kunst betraf.

Ende der 50er-Jahre unterrichtete ich am Goethe-Institut in Ebersberg ausländische Studenten in Deutsch. Der Bus- und Taxifahrer, der uns nach Hohenschwanstein und die Studenten nach München fuhr, hieß Reiser. Einmal stieg eine amerikanische Studentin, die für damalige Ebersberger Verhältnisse stark geschminkt war, in den Bus, und er sagte kumpelhaft zu mir: »Eine gesunde Gesichtsfarbe hat der ihr Puder!« Im Gesicht fehlte ihr nix.

Sind die noch zu retten!

Über die Dresdner Justiz
im Fall Stephanie

12. November 2006

Es ist immer ein wenig problematisch, im Zusammenhang mit peinlichen, ja peinigenden Pannen der Justiz, des Strafvollzugs, der polizeilichen Fahndung den »gesunden Menschenverstand« zu bemühen. Zu schnell sind da die falschen Assoziationen von der Selbstjustiz, der Rache bei der Hand. Man hört dann schnell »Auf ewig wegsperren!« oder gar »Kurzen Prozess machen!« – unbefriedigte Rachegelüste, gegen die wir Gott sei Dank unseren Rechtsstaat aufgebaut haben.

Doch dann las ich, dass im Fall Mario M. der Macho-Selbstdarsteller und Stephanie-Peiniger auf dem Dach stehend 20 Stunden lang der Justiz auf der Nase herumtanzte. Sie gaben ihm sogar eine Decke und Tee, damit der Arme sein Opfer noch länger quälen, die Beamten noch länger lächerlich machen konnte.

Da habe ich mir – das ist die Spontangeste des gesunden Menschenverstandes – an den Kopf gefasst und gedacht: Sind die noch zu retten? Warum lassen die ihn nicht vor Kälte schlottern, bis er aufgibt! Und warum stillen die seinen Durst, damit er seinen Selbstdarstellungsrausch auf Kosten Stephanies stillen kann!?

Denn was sich da so human gebärdete, war inhuman im höchsten Maße gegen das Mädchen, gegen das Opfer. Hatte nicht eine Polizeipanne grotesker Art dazu geführt, dass sie überhaupt dem Quäler so lange in Todesgefahr ausgeliefert war? Und hatte der ihr nicht damit gedroht, sie zu jagen und seinen Hunden zum Fraß vorzuwerfen, wenn sie freikäme?

Und wenn er gesprungen wäre? Dann wäre wenigstens auch die Angst des Opfers gesprungen, zersprungen. Aber statt Konsequenzen gibt es nur ein bürokratisches Gelaber.

Was bleibt, ist die Angst des Opfers. Sagt mir mein Menschenverstand, den die Dresdner Justiz zum gesunden mutiert hat.

Hoffentlich nur vorübergehend.

Ferenc Puskás oder Die Gerechtigkeit der Welt

Zum Tod des genialen Fußballers der ungarischen Nationalmannschaft von 1954

In Wahrheit war er schon lange tot, Ferenc Puskás, den einige, zu denen ich mich auch zähle, für den genialsten Fußballer der Welt hielten – und das aus Gründen, die mit dem Räsonieren über die Gerechtigkeit der Welt zusammenhängen und damit, wer die Sieger und Verlierer der Geschichte sind. Der genialste »Linke Fuß« (eines Fußballers), der jetzt mit 79 Jahren starb, hatte sich lange verloren, verdämmerte als Alzheimer-Kranker in Budapest, das ihn vorher zur Unperson gemacht hatte, seine letzten Jahre.

Ungarn 1954, das war eindeutig und zweifelsohne die beste Fußballmannschaft der Welt. Und wäre ich nicht Deutscher gewesen, der an das Wunder von Bern glaubte, dann wäre er, auch für mich, mit seinen Ungarn der »Weltmeister der Herzen« geworden, zu dem wir, zu Recht, diesmal als Dritte avancierten.

Ich spreche nicht davon, dass sein drittes Tor, der Ausgleich im Endspiel, fälschlicherweise wegen Abseits nicht anerkannt wurde. Wer wäre ich denn, den deutschen Sieg so kaputt zu mäkeln. Nein, ich spreche davon, dass die Ungarn damals den schönsten, elegantesten, ideenreichsten Fußball spielten, voller Feuer, Eleganz und Leidenschaft. Und dass sie, obwohl ein »Ostblock«-Land, so offensichtlich mit Verve und Feuer gegen die sowjetische

Okkupation spielten, Revolutionäre auf dem Rasen, dass sie eigentlich schon deshalb den Sieg verdient hätten. 1956, beim Ungarn-Aufstand, stand Puskás wieder auf der Verliererseite, eigentlich ein Sieger wie alle Ungarn, die gegen die Türken, gegen Habsburg, gegen die Sowjetunion mutig-trotzig aufbegehrten. Er wurde dann einer der strahlenden Helden von Real Madrid, ein Fußballkönig im Exil, und seine Landsleute, die ihn liebten, ja vergötterten, mussten ihn totschweigen, wenn er für Madrid, wenn er für Spanien siegte – inzwischen Torschützenkönig, kugelrund, aber immer noch ein genialer Fußballartist und Balljongleur, der alles mit links machte. Der Heimweh hatte nach Ungarn und erst heimkehren durfte, als er nichts mehr davon wusste, verdämmert im Vergessen. Ein Volksheld der tragischen Art, nur fast erster Sieger und Verlierer im hässlich Kalten Krieg, der ihn erst als Sieger dastehen ließ, als er sich verloren hatte.

Zum Dinner bei den Putins

Albtraum von einem Abendmahl im Kreml

Dieser Tage, besser gesagt, dieser Nächte hatte ich einen schrecklichen Traum, einen sogenannten Albtraum, der sich einem wie die Alben auf die Brust setzt. Das lag wahrscheinlich an dem herrlichen Grünkohlessen, das ich jahreszeitengerecht, aber gegen alle Vernunft spät am Abend …

Jedenfalls träumte ich, ich sei mit einer Gruppe ausländischer Journalisten im Kreml bei Putin zum Abendessen eingeladen. Ich war über die Einladung zu Tode erschrocken und sagte meiner Frau im Traum, um Gottes willen, wir sind bei Putins zum Essen eingeladen! Und ich zitterte in vorauseilender Todesfurcht.

Na und, sagte meine Frau im Traum, hast du nicht bei unserem jüngsten Altkanzler gelesen, was für reizende Gastgeber die Putins sind? Und im Unterschied zu Bush reden die beim Essen nicht penetrant von Gott, sondern lassen es sich schmecken!

Ja, aber was habe ich über ihn nicht alles gelesen und geschrieben! Wie sich der ukrainische Präsident und Putin-Gegner Viktor Juschtschenko nach einem Essen lila und schwarz verfärbt und ausgesehen habe, als habe er literweise puren Wodka getrunken.

Und wie der schmucke Ex-KGB-Mann Alexander Litwinenko jetzt hohlköpfig und hohläugig sein Leben verhaucht habe, weil er wusste, wie die Journalistin Anna Politkowskaja ums Leben …, und wie er angeblich den Putin-Feind Beresowski ermorden sollte und deshalb zum Überläufer wurde …

Und wie er Michail Chodorkowski aus dem Weg geräumt, nach Sibirien geschickt hat und damit einem langsamen Tod ausgeliefert hat, wie Regimegegner zur Zaren- und zur Stalin-Zeit …

Um Himmels willen, jammerte ich im Traum, ich muss zuvor alle meine spöttischen Artikel erst einmal mit der Lupe untersuchen …

Aber da war ich auch schon im Kreml, es sah aus wie bei einem Renaissance-Gastmahl bei Lucrezia Borgia und ihrem Vater, Papst Alexander VI., überall Vorkoster verschiedenster ausländischer Staatsmänner aus Lettland, Weißrussland und Georgien, die bereits blaugrün anliefen und ihr Leben Galle speiend und Blut spuckend aufgaben. Wer nicht gleich sterben wollte, wurde nach Sibirien verbannt.

Mir wurde speiübel. Und noch im Traum bat ich den russischen Präsidenten demütig um Verzeihung, dass ich derart Schreckliches von ihm geträumt hätte. Ich warf mich abbittend auf die Knie. Du nimmst dich in deiner Angst wieder einmal zu wichtig, sagte meine Frau, du weißt doch gar nix. Und da war ich schrecklich erleichtert und wachte auf, wenn auch in Angstschweiß gebadet.

Blick zurück im Zorn – kein Fall von Ostalgie

Über die Freiheit

Vor fünfzig Jahren im Herbst wurde die Revolution der Ungarn gegen die sowjetische Fremdherrschaft blutig niedergeschlagen. Es war eines der grausigsten Ereignisse des Kalten Kriegs, viele Zeitungsartikel haben uns an diese finsteren Zeiten des Nach-Stalinismus erinnert, auch daran, dass England und Frankreich im Schatten der ungarischen Ereignisse sich in ihr Sues-Abenteuer stürzten, so die Empörung der Dritten Welt auf sich zogen und von Ungarn ablenkten.

Kurz danach, Ende November, fand an der Universität Jena der Ball der Physiker statt. Die Studenten und Dozenten hatten den Saal rot-weiß-grün, also ungarisch, dekoriert. Sie führten einige Sketche auf, die großen Beifall bei den Ballgästen auslösten. In einem Sketch kommt ein Wanderer in ein Land, in dem er einem Jäger begegnet, der seinen prächtigen Hund preist, der keine Leine braucht, weil er die Freiheit liebe. Der Wanderer nickt zustimmend, stutzt dann und fragt, warum der Hund dennoch an einer Leine sei. Das sei keine Hundeleine, sondern das Band der Freundschaft. Der Jäger fährt fort, die Würde und Freiheitsliebe seines Hundes aufs Höchste zu preisen. Niemals würde er dem stolzen Tier einen Maulkorb anlegen. Niemals.

Aber, bemerkt der Wanderer und stutzt, er trägt ja

einen! Das sei kein Maulkorb, sondern ein Schutz gegen gefährliche Insekten, die heimtückisch das Maul des Hundes bedrohten. In dem Augenblick versucht der Hund fortzulaufen, der Jäger schießt ihm ins Bein, der Hund kommt winselnd zurück.

Dem erstaunten Wanderer erklärt der Jäger, die feindlichen Insekten hätten das Bein des Hundes befallen, er habe ihn schützen müssen. Der Sketch macht sich nicht nur über die Niederschlagung der Freiheit her, sondern noch mehr über das grässliche Neusprech (wie Orwell die Sprache der kommunistischen Diktatur in seinem Roman »1984« gegeißelt hat – eine blutige Unterdrückung wird da zur Befreiung). Die Verfasser des Sketches wurden ergriffen und zu hohen Gefängnisstrafen verurteilt – einer zu 14 Jahren –, wegen »Hetze gegen die Völker der Sowjetunion«. Seine Existenz in der »DDR« war vernichtet.

Die Botschaft, die auch glaubt, wer sie nicht mehr hört

Über den Kern der Weihnacht

24. Dezember 2006

Wer sich zu Weihnachten unter dem Weihnachtsbaum beschenkt, muss nicht unbedingt daran glauben, dass es die Heiligen Drei Könige waren, die nach Bethlehem kamen, um dem Kind in der Krippe zu huldigen, es zu beschenken, unter anderem mit Weihrauch und Myrrhe – alles Gaben, die es im Orient gibt, wo das Kind geboren wurde. Wer heute zu Weihnachten schenkt und beschenkt wird, hat weiß Gott andere Sorgen. Er ist sich in der modernen zyklischen Volkswirtschaft dessen bewusst, dass er das Wirtschaftswachstum ankurbeln soll, dass er zumindest ein Zeichen, ein Signal zu senden hat, damit sich mit dem Weihnachtsgeschäft die Konjunktur ins Bessere wende und belebe.

Wer sich am Lichtermeer der weihnachtlichen Städte, der Christbäume, der erleuchteten Kirchen freut, braucht nicht unbedingt zu wissen und zu glauben, dass er damit teilhat an einer einst gestifteten Gewissheit, die mit Christi Geburt das Licht und damit das Heil unter die Menschen brachte.

Wer Weihnachten feiert und sich eine »weiße Weihnacht« wünscht, der braucht nicht zu wissen, dass er diesen Wunsch wie den Lichterbaum der Missionierung der Germanen in der Zeit der Völkerwanderung verdankt, die den christlichen Glauben annahmen, zuerst als kriegerische Völker, weil sie an Christus als den stärkeren Gott glaubten, dann, weil sie in seinem Namen Frieden fanden, und dann, weil sie in der nordischen Winterfinsternis auf das Licht hofften. All das muss man nicht wissen, nicht glauben. Und dennoch wird man bei diesem Fest wie bei keinem anderen vom christlichen Glauben und, wenn nicht von dem, dann zumindest von der christlichen Tradition getragen.

Gott wurde Mensch. Alles, was uns als Abendländer ausmacht, steckt in dieser Tradition. Wer Weihnachten vom Christentum zu entkernen sucht, entkernt sich selbst. Er nimmt sich den Boden unter den Füßen weg, der ihn trägt – auch dann, wenn er längst nicht mehr an ihn glaubt.

Gute Vorsätze für morgen und was sie heute noch wert sind

Zum Jahreswechsel

Die Tage zwischen Weihnachten und Neujahr sind eine seltsam zeitlose Zeit, zwischen Verpackungen wegwerfen, Geschenke umtauschen und sich schlechten Gewissens auf gute Vorsätze vorbereiten, die sich noch nicht gefestigt haben, aber auch noch nicht verflogen sind.

Da hoffen wir, dass uns die Regierung hilft und auf die Finger haut, wenn wir uns allein nicht das Rauchen abgewöhnen können. Ein bisschen Singapur soll schon sein, wenn auch nicht pur. Und wir wünschen uns, dass sich alles, alles ändert, aber bitte so, dass wir es möglichst nicht merkeln, äh, merken.

In dieser zeitlosen Schwebe musste es mir geradezu widerfahren, dass ich beim Mittagessen in einem Steakhaus neben einem Ehepaar zu sitzen kam, das seiner vierjährigen Tochter gerade erklärte: »Gestern war heute morgen.« Offenbar hatten sie dem Mädchen einen Tag zuvor versprochen, dass sie morgen, also heute, ins Restaurant essen gehen wollten; na ja, es passte, mich in eine leichte Irritation zu stürzen, denn der Satz, dass gestern heute morgen war, passt nirgends besser als zum Jahreswechsel.

Ich zahlte und murmelte beim Rausgehen: Der Schnee von gestern war der Nieselregen von heute – morgen, morgen, nur nicht heute, sagen alle faulen Leute. Und dann fiel mir ein seltsames Gasthaus ein, dem ich als

Kind in einem Märchen der Brüder Grimm, die damals noch Gebrüder Grimm für mich hießen, begegnet war. Dieses Gasthaus hatte ein vielversprechendes Schild, das versprach: »Heute für Geld! Morgen umsonst!« Gemeint war, dass man heute zwar noch sein Essen würde bezahlen müssen, es aber ab morgen frei bekäme, umsonst. Der Haken dabei war nur, dass morgen, in dem Moment, wo es so weit gewesen wäre, schon wieder leider heute war und man seine Hoffnung wieder auf ein Morgen verlagern musste. Man könnte das Ganze eine hoffnungslose Utopie nennen, einen unauflösbaren Schabernack, dem einen die Zeit spielt. Gerade jetzt zum Jahreswechsel.

Von morgen an rauche ich nicht mehr! Nur heute noch. Dann ist Schluss. Aber eigentlich, und das ist das Schreckliche, ist immerzu und fortwährend heute. Ein gutes neues Jahr und ein schönes Morgen wünsche ich! Für morgen, wenn es heute ist.

Kuschelbett und Kartoffelsalat

Über Einsamkeit und Heimatgefühle an Bord der »MS Europa«

14. Januar 2007

Heimweh ist (auch) ein Gefühl von Einsamkeit und Verlassenheit, fehlendem Zugehörigkeitsgefühl. Deshalb haben kleine Kinder Maskottchen, Kuscheltiere, Kuscheldecken, an denen sie im Dunkeln schnuffeln, um das Vertraute zu spüren, wenn sie allein sind.

Auf der Reise zum Schiff, in Hotels, wusste ich nicht, was ich vermisste, wenn wir ins Bett gingen, in jene internationalen Betten, die ein Laken über ein Laken spannen, in die man hineinschlüpfen muss wie in einen Briefumschlag, und das mit seinem kugeligen Körper.

Endlich, auf der »MS Europa«, wussten wir, was uns gefehlt hatte: das deutsche Federbett, in das man sich kuscheln kann, während das Schiff durch die Karibik pflügt, durch den Indischen Ozean oder in der Antarktis unterwegs ist. Das deutsche Federbett, von unseren Großeltern noch »Plumeau« genannt, in dem man, je nachdem, den Fuß zur Kühlung rausstrecken oder sich Wärme suchend krümmen kann, zusammengerollt wie ein Embryo. Ein Kuschelbett für alle Weltmeere, deutsch wie der Leberknödel. Oder der Kartoffelsalat. Der aber trennt in seinem Heimatkuschelgefühl Nord von Süd, stärker als der Limes oder der Weißwurstäquator.

Auf der »MS Europa« wirkt ein neuer Koch, Stefan Wilke, ein Schüler des Dreisternekochs Harald Wohlfahrt

(»Schwarzwaldstube«). Natürlich macht er einen süddeutschen, schwäbischen Kartoffelsalat, der goldgelb glänzt, sich flüssig aufzulösen scheint, »schlonzig« schmeckt, das heißt, einen zurückanschmatzt, wenn man ihn nur anschaut und einem das Wasser im Mund zusammenläuft. Lauwarm schmeckt er am besten. Wie er gemacht wird? Ganz einfach. Die warm gepellten, zu Rädern geschnittenen Scheiben werden mit Brühe bis fast zur Sättigung übergossen, sodass sie anschließend Essig und Öl begierig aufsaugen.

Meine Kinder sind Hamburger, ihre Mutter Berlinerin, ihre Oma macht den Kartoffelsalat norddeutsch, hart aussehende, eiskalte Räder oder Würfel in Mayonnaise, wie versiegelt. Ich will nicht parteiisch sein, aber beim Salat trennt meine Familie das kulinarische Kuschelgefühl, das Heimweh des Magens. Wenn ich auch nur das Wort »schlonzig« sage, schütteln sich meine Kinder. Gut, dass sie nicht mit an Bord sind.

Wie die CSU den Chef zum Gärtner macht

Sorge um die Zukunft des zurückgetretenen Edmund Stoiber

21. Januar 2007

Jetzt, da sich die Frage erhebt, was der bayerische Ministerpräsident, was also, äh, Ed, äh, Edmund Stoiber tun würde, sollte der Fall eintreten, dass er zurücktreten, also, äh, in den Ruhestand gehen sollte, den wohlverdienten, wohlgemerkt, und den äh, wohl gerichteten, so gibt es dazu ein Zeugnis aus seinem erlauchten Mund.

Bisher hatte der Vielbeschäftigte, von dem sein potenzieller Nachfolger Günther Beckstein weiß, dass ihn die Akten mehr interessieren als die Nackten (und das, obwohl er seine Frau nach eigenem Bekenntnis »Muschi« nennt, nun ja!), nur am Sonntag für sich selber Zeit, höchstens am Sonntag und dann maximal eine »halbe Stunde« bis »eine Stunde oder zwei«. Und da, so der Originalton von Edmund Stoiber, sitzt er am liebsten im Garten. Wie schön!, denken wir und hören ihm zu.

»Wenn ich mal dann 'ne halbe Stunde, 'ne Stunde oder zwei Stunden am Sonntag im Garten sitz, und es ist einigermaßen gutes Wetter, da trank … äh, tanke ich Kraft, und ich hab es mir angewöhnt, dass ich jeden Tag in der Früh in den Garten schau und vielleicht eine Blume hinrichte – oder aufrichte, ja, und a bissel mähen tu ich, ansonsten sag ich meiner Frau, was ich alles tun würde, dann macht sie es beziehungsweise sie mit dem Gärtner zusammen.«

Um Gottes willen, denkt man, kann man den Mann als Politrentner auf seinen Garten – und auf seine Blumen vor allem – loslassen, wenn er sie hinrichtet? Oder seine Frau bittet, es dem Gärtner so zu richten, dass der die Blumen niedermäht!? Nein, das geht nicht, Stoiber muss schon aus humanitär-biologischen Gründen im Amt bleiben, möglichst bis 2013, damit die Blumen in seinem Garten ihre Ruh haben.

Zwar weiß ich, des Süddeutschen kundig, dass ein Hinrichter der Blumen kein Henker ist, sondern einer, der es richtet. Aber wo kein Kläger ist, ist auch kein Richter, und so muss Edmund Stoiber, schon aus sprachlichen Gründen, bayerischer Ministerpräsident bleiben, bis er beziehungsweise seine Frau beziehungsweise seine Frau mit dem Gärtner alle Hubers und Seehofers und Becksteins hingemäht beziehungsweise hingerichtet haben.

Die Trägheit der Sinne

Über Naturgesetze, die Mensch und Bahnhof aus dem Gleichgewicht bringen

28. Januar 2007

Es gibt sie, die Trägheit des Herzens, von der die Bibel spricht. Darüber gibt es eine Geschichte von Königin Elisabeth. Nicht der wirklichen, über die es inzwischen einen Kinofilm gibt und die einen Sohn hat, der aus Trägheit nicht mehr mit dem Thron rechnet. Also Königin Elisabeth I. fährt mit einer Kutsche über die Tower Bridge, da wirft sich ihr ein Bettler vor die Rosse: »Majestät«, fleht er, »ich habe seit einer Woche nichts gegessen.« Darauf Ihre Majestät, ganz ein Hartz und eine Krone: »Sie müssen es machen wie ich, Sie müssen sich zwingen!«

Das ist die Trägheit des Herzens. Und wahrscheinlich ist die Geschichte ebenso wenig wahr wie die der Marie Antoinette, die in Versailles eine Demo erlebte. »Was rufen die Leute?«, fragte sie. »Sie rufen nach Brot!« Darauf die Königin: »Dann sollen sie Kuchen essen!« Das hat sie zwar nicht gesagt, aber geköpft wurde sie trotzdem!

Es gibt die Trägheit der Masse. Früher, im 6-Personen-Bahnabteil, der Zug bremste scharf, da flog einem der schwere Koffer des trägen Mannes vis-à-vis um die Ohren.

Es gibt die Trägheit der Sinne. Ich war auf hoher See. Und am letzten Tag herrschte Windstärke 7, eine steife Brise, bei der Berliner Bahnhöfe schon mal mit Balken um sich werfen. Als ich wieder festen Boden unter den Füßen hatte, schwankte der immer noch. Dabei hatte ich nichts getrunken. Es war der verstörte Gleichgewichtssinn, der sich träge auf das Meer eingestellt hatte. Und der mir jetzt, auf ruhigem, festem Boden, das träge Schwanken vorgaukelte.

Dann stand ich hinter einer Dame, am Geldautomaten. In gebührendem Abstand. Während das Ding ratterte und ihr Geld spendete, fiel ihr ein Zettel zu Boden. Ich wollte mich bücken, lächelte sie dann aber nur verlegen an. Nicht aus Trägheit des Herzens oder der Masse, sondern weil das Rückgrat nicht wollte. Sie lächelte zurück und sagte: »Es ist das Alter!«

Der erotische Pieps

Über die Tagebücher von Samuel Pepys und echt britischen Humor

4. Februar 2007

Kennen Sie Pepys, Samuel Pepys, der sich »Pieps« ausspricht, so wie der Berliner sagt, »Bei dir piept's wohl«? Als ich in den Fünfzigerjahren in Tübingen Shakespeares Dramen studierte, gab es in der Universitätsbibliothek die Tagebücher von Pepys, ein paar Tausend Seiten, die wir studieren mussten, weil Pepys, 1633 geboren, auch gern ins Theater ging. Dort sah er, eine Generation nach Shakespeares Tod, die großen Tragödien und Komödien, zum ersten Mal auch eine Frauenrolle von einer Frau gespielt und nicht von einem Jungen.

Das war in der Restaurationszeit, eine lebenslustige Zeit, und so schrieb Pepys nicht nur über Newton und Shakespeare, sondern auch über seine ständige Lust und Liebe, andere Frauen zu verführen, und über seine Eifersucht, wenn seine hübsche Frau alleine mit dem Tanzlehrer zu Hause war und er prüfte, ob das Bett zerwühlt war.

Er schrieb das Tagebuch in Spiegelschrift, damit seine Frau es nicht lesen konnte.

Wir Studenten in Tübingen entliehen Pepys aus dem »Giftschrank« und mussten unterschreiben, dass wir ihn nur zu wissenschaftlichen Zwecken lesen wollten. Für damalige Verhältnisse waren seine Tagebücher in etwa so ferkelig wie Casanovas Memoiren. Pepys wurde zum

Sekretär der englischen Admiralität, damals, als England die Weltmeere beherrschte.

Im Eichborn-Verlag Berlin ist ein Büchlein in galantem rosa Einband: »Der erotische Pepys«, erschienen. Für alle, die heute noch neugierig sind, hat der Schriftsteller Helmut Krausser alle »Stellen« zusammengestellt. Auch eine sehr seltsame, in der steht, wie eine Hofdame auf einem Ball beim Tanzen einen Fötus verliert. Anonym. Andere Zeiten, andere Sitten! Der König Charles II. seziert ihn eigenhändig und sagt, er habe einen Untertanen verloren. Britischer Humor! Andererseits hat Pepys das Hauptwerk Newtons, die »Philosophiae Naturalis Principia Mathematica«, herausgegeben.

Hilfe! Die Russen kommen!

Warum das noble Kitzbühel
eine Zehn-Prozent-Quote einführt

11. Februar 2007

Ach, was waren das noch für Zeiten, als wir Deutschen (»Piefkes«) die Neureichen aus dem »Reich« waren, die in Österreich nach 1950 einfielen, um ihre Wirtschaftswunder-Rubel, damals D-Mark genannt, lärmend und feiernd im Kurs eins zu sieben auszugeben. Sie feierten die Feste der Gemütlichkeit mit einem Prosit auf dieselbe, sie feierten sie, wie sie fielen, bis sie umfielen.

Beliebt waren sie nicht, auch wenn sie das kleine Nachbarland zu seiner Fremdenverkehrsblüte brachten, und ich erinnere mich noch an den späteren Salzburger ORF-Intendanten Rudolf Bayr, den ich als Nachdichter von Sophokles-Tragödien kannte, wie er seine k.u.k. Contenance angesichts der Touristenmahlströme durch die Salzburger Getreidegasse verlor und zu den mit kurzen Hosen bekleideten Bayern und Hessen auf der Straße sagte, sie sollten sich erst einmal anständig anziehen, bevor sie hierherkämen.

Jetzt sind es die Russen, auch sie in Putins Oligarchenwunderland neureich bis zum Stehkragen. Sie lieben Wodka und Weib und Gesang bis zum Umfallen. Und den Rubel lassen sie rollen, dass es nur so eine Freude ist.

An der Côte d'Azur, in Baden-Baden am Schwarzwald, in Karlsbad in Tschechien, also an all den erlesenen Orten, die schon von ihren großfürstlichen und dichtenden Ahnen wie Dostojewski, Tschechow oder Turgenjew, allerdings mit weitaus größerer Distinktion, aufgesucht wurden, machen ihre lärmenden Enkel den Puff zur Gartenlaube und die Gastwirte und Edelboutiquenbesitzer froh und reich.

Auch am Berliner Kurfürstendamm wissen wir davon ein Lied zu singen. Doch da die russische Seele groß ist, auch im Übertreiben, wurde es dem Wintersportluxusparadies Österreichs, wurde es Kitzbühel schließlich zu viel.

Sie begannen, sich vor der Koste-es-was-es-wolle-Lebensfreude und deren lärmenden Explosionen zu fürchten, wohl um der Gäste aus anderen Ländern willen, den Deutschen zum Beispiel, deren einst neureiches Geld inzwischen edel gealtert ist wie alter Wein. Oder wie Kaiser Franz! Also führten sie in den Hotels eine Quote ein. Russen? Höchstens zehn Prozent! Denn wer geht sonst noch in die Sauna, wenn da nur noch mit Wodka aufgegossen wird!

Die Ökonomie des Schmerzes

Über Signale aus Schultern, Becken und Zähnen

18. Februar 2007

Nicht ohne Anteilnahme habe ich kürzlich in Harald Martensteins Kolumne in der »ZEIT« gelesen, dass der verehrte, wenn auch jüngere Kollege klagt: »Seit einigen Wochen habe ich Schulterprobleme. Bis zu dem Moment, als die Schultern anfingen wehzutun, ist mir überhaupt nicht bewusst gewesen, dass ich Schultern besitze.«

Abgesehen davon, dass der stets lesenswerte Martenstein mir dankenswerterweise schon mehrere gesundheitliche Intimitäten per Kolumne gestanden und nahegebracht hat – Herpes zum Beispiel und krank machende, weil lähmende Langeweile im Kino –, konnte er bei dieser Kolumne auf meine Sympathie zählen.

Sympathie heißt ja, wörtlich genommen, Mitleid im Sinne von Mitgefühl. Und als älterer Kollege weiß ich durch ähnliche Erfahrungen, dass mein Körper unter anderem aus Schultern, Knien, einem Becken, einem Magen und Zähnen, wenn auch im Laufe der Jahre weniger davon (am frühesten verliert man merkwürdigerweise die Weisheitszähne, die man doch am meisten brauchen würde), besteht, die sich durch Schmerz melden.

So war ich gerade beruflich auf Reisen, und ein abgeklemmter Nerv signalisierte mir mittels Schmerz abwechselnd, dass ich ein linkes Knie, ein beidseitiges Becken sowie eine rechte Schulter besitze.

Doch wie durch ein Wunder waren die Schmerzen eines Abends beim Zubettgehen verflogen. Weil ich rasende Zahnschmerzen bekam (Phantomschmerzen vom Weisheitszahn?), die alle anderen Schmerzen verschwinden ließen. Und so blieb es. Keine Schmerzen in Schulter, Becken, Knie, solange der Zahnschmerz währte. Mein Arzt hat mir später dieses sozusagen »ökonomische« Vorgehen des Schmerzes, seine Konzentration auf einen Hauptkriegsschauplatz, erklärt.

Da Kollege Martenstein bei seinem Schulterschmerz erklärte, er könne dessentwegen nicht schreiben, weiß ich aus meinen Erfahrungen Rat. Martenstein muss sich nur einen Ziegel auf den bloßen Fuß fallen lassen. Dann wird der rasende Schmerz in den Fuß wandern und die Schultern dabei vergessen. Und Martenstein wird ungehindert schreiben können. Jedenfalls solange der Fuß schmerzt. Er darf allerdings nicht mit Pedal schreiben.

Der Krampf geht weiter

Über die Kapitalismus-Kritik des Ex-RAF-Terroristen Christian Klar

4. März 2007

Wer abends vor dem Fernseher sitzt, um auf die Nachrichten zu warten, dem kann es passieren, dass er in den mutwillig witzig gemeinten Spot der Gebühreneinzugszentrale (»GEZ – Schon GEZahlt?«) gerät. Da liegt ein eingegipster junger Mann in einem Einbettkrankenzimmer, über sich einen Fernseher, auf den er glücklich verblödet starrt. So ein Leben!, scheint die Werbung zu sagen, mit Essen gepampert und Fernsehen satt, 24 Stunden, ohne Gebühren.

Und prompt droht ihm Ungemach; der junge Videot soll als geheilt entlassen werden. Panisch stürzt er sich mit seiner Trage aus dem Fenster und liegt nach solchen Selbstverstümmelungen wieder in seliger Verblödung vor dem Fernseher.

Diese Werbung knüpft an idyllische Clochard-Filme an, die etwa »Im Kittchen ist ein Zimmer frei« heißen und in denen bei Kälteeinbruch so ein armer Lump einen Diebstahl begeht, um über den Winter in die wärmende Zelle zu kommen.

Ist etwas Ähnliches – unbewusst, versteht sich – in Christian Klar vorgegangen? Dass er in Wahrheit lieber im geheizten Gewahrsam bleiben und nicht in die kapitalistische Kälte der grausamen Freiheit entlassen werden will? Also schickte er dem Rosa-Luxemburg-Kongress eine »Grußbotschaft«: »Von Europa aus rollt weiter dieses imperiale Bündnis, das sich ermächtigt, jedes Land der Erde, das sich seiner Zurichtung für die aktuelle Neuverteilung der Profite widersetzt, aus dem Himmel heraus zu züchtigen und seine ganze gesellschaftliche Daseinsform in einen Trümmerhaufen zu verwandeln.«

Das ist, klar doch, berechtigte Kapitalismuskritik, mit der man seine vorzeitige Begnadigung nicht verwirkt. Doch Klar fährt fort: »Die geforderte Sache dürfte sein, in Europa die Niederlage der Pläne des Kapitalismus zu vollenden und die Tür für eine andere Zukunft aufzumachen.«

Das ist, ziemlich unverhüllt, Aufforderung zu Terror und Legitimierung des Terrors, wie beides einst von der RAF gefordert und praktiziert wurde. Klar darf also hoffen, im Knast zu bleiben; mit diesem Schreiben allein hat er sich als ein, zumindest in Worten, zur Wiederholungstat Entschlossener geoutet. Mutwillig, ohne Not, schwarz auf weiß.

Roger Cicero und das Comeback des Swing

Über die persönliche Niederlage des Sinatra-Imitators

11. März 2007

Schon oft im Laufe meines Lebens habe ich gedacht: Nun ist es vorbei, nun muss es vorbei sein mit meiner Liebe zum Swing, zum Bigband-Sound à la Billy May oder Count Basie oder Nelson Riddle. Mit dem Sänger, den sie Ol' Blue Eyes nannten und ehrfurchtsvoll The Voice – die Stimme. Die Rede ist natürlich von Frankieboy, von Frank Sinatra, den ich liebte und der sie alle überlebte. Elvis und die Beatles und die Commodores. Der Swing lebt immer noch, neben allen anderen. Und auch meine persönliche Niederlage ist nicht vergessen, 1958 in München. Da nahm ich in einem Nachtlokal namens »Tabu« (es gehörte dem Stiefvater von Romy Schneider) an einem lokalen Sinatra-Contest teil, stolperte auf die Bühne und wollte »Night and Day« singen, setzte zu hoch an und kam in der vierten Zeile ins Krächzen. Aus war's mit meiner Sinatra-Karriere.

Warum mir das jetzt einfällt? Weil es Roger Cicero gibt, der Deutschland im Eurovision Song Contest vertreten durfte. Auch er ein Swinger, auch er ein Mann am Klavier, auch er ein Bigband-Mann. Der Swing lebt, mitten im Pop. Sieht man den Mann im glänzenden Glencheckanzug mit einem Hütchen, das an den Pepitahut, wie ihn Sinatra in den Fünfzigerjahren trug, erinnert, dazu noch der Windsorknoten, dann ähnelt er dem Sinatra-Cover von »Come Fly with Me!« schon sehr.

Und was er singt, ist melancholisch gebrochener Machismo, der sich zart und artig gibt. Ganz zeitgerecht tarnt und entlarvt sich Cicero als »Frauenversteher«, er singt von Murphys Gesetz und dass es dumm ist, ausgerechnet die tolle Frau nicht behalten zu haben, halten zu können.

»Männersachen« heißt sein Album, und es handelt von einem Mann, der wie ein durch den Weichspüler gezogener Sinatra singt. Vor allem eben swingt. Er hat den unbekümmerten, vom Leben angeschlagenen Swing in der Stimme – mitten im Zeitalter der Popmusik. Und vielleicht wird er nicht gewinnen, aber er wird zeigen, dass es sich auf Frankies Spuren leben lässt. Auch wenn das Erfolgslied »Frauen regieren die Welt!« heißt. Swing regiert die Welt! Geläuterte Nostalgie.

Als wir schrieben wie die Adler

Über das Schreiben mit und ohne Maschine

Früher hab ich auch mal mit Maschine geschrieben, mit der Schreibmaschine, jahrelang. Mit zwei Fingern, aber immerhin. Mit drei Kollegen saßen wir in einem Büro und ratterten und klapperten. Gingen wir aus dem Zimmer, ließen wir das Papierblatt in der Maschine. Mit einem angefangenen Satz. Wenn der Wagen am Zeilenende anstieß, klingelte es. Dann schob man ihn mit kraftvollem Schubs zurück und stemmte ihn mittels Taste eine Zeile höher. Beim Zurückschieben schnurrte die Schreibmaschine wie ein Kater oder wie eine Katze, je nachdem.

Das Zwei-Finger-System, in dem ich schrieb, hieß »System Adler«, intern jedenfalls. Man peilte den Buchstaben aus der Luft an und stürzte dann mit den Zeigefingern wie mit Adlerkrallen auf die Beute. In Filmen über Schriftsteller und Journalisten war das Klappern der Schreibmaschine die Grundmusik. Verstummte sie, war das auch ein Zeichen. Unvergesslich, wie Orson Welles in »Citizen Kane« seinen Freund und Redakteur betrunken über der Schreibmaschine hängen sieht, weil der die Frau seines Chefs als Opernsängerin »verreißen« muss. Orson Welles tippt den Verriss zu Ende und schreibt: »You are fired!« Ende einer Freundschaft.

Martin Walser erzählt, wie ihn ein Schriftstellerkollege am Bodensee besucht. Es ist die typische Eifersuchtsgeschichte des sich als ewiger Zweiter fühlenden Walser. Denn der hört stundenlang das Klappern aus dem Zimmer des Freundes und Schreibrivalen. Er wird fast krank vor Neid, weil er sich in einer Schreibkrise befindet, einer Blockade, dem Writer's Block, wie wir Anglophilen aufschneiderisch-depressiv zu sagen pflegen. Endlich öffnet er vorsichtig die Tür des so unermüdlich tippend Schreibenden. Da sieht er ihn auf dem Sofa friedlich schlafend. Mitten am Tag. Auf dem Tisch steht ein Tonbandgerät, das die Schreibmaschinengeräusche liefert.

Von da an stellt der Icherzähler, also Walser, auch ein Tonbandgerät in sein Arbeitszimmer. Und die beiden Geräte klappern gegeneinander um die Wette.

Ich glaube nicht, dass die Redensart »Klappern gehört zum Gewerbe« daher kommt. Und eigentlich wollte ich über Tipp- und Druckfehler schreiben, also darüber, warum ich auf der Schreibmaschine immer »Seid furchtbar und vermehret euch!« geschrieben habe statt »fruchtbar«. Und über den »Kornprinzen« respektive »Kronprinzen« oder über »Rothenburg« (ob der Tauber) oder »Rottenburg« (am Neckar).

Von der Raumzeit zur Zaumreit

Über einen verwirrten Professor und das Problem der Lichtjahre

29. April 2007

Zu Goethes Zeiten lebte und lehrte Professor Johann August Galletti (1750–1828) am Gothaer Gymnasium, der sich seinen Nachruhm durch seine Stilblüten erwarb. Zum Beispiel sagte er einst: »Südamerika ist krumm.« Oder: »Die Afghanen sind ein sehr gebirgiges Volk.« Oder: »Als Humboldt den Chimborasso bestieg, war die Luft so dünn, dass er nicht mehr ohne Brille lesen konnte.«

Zu den von Kant postulierten Denkkategorien, »dem Raum« und »der Zeit«, sagte er seinen Schülern: »Ich statuiere mit Kant nicht mehr als zwei Kategorien unseres Denkvermögens, nämlich ›Zaum und Reit‹ – ich wollte sagen ›Raut und Zeim‹.«

Wie verwirrt wäre der gute Professor erst gewesen, wenn er etwas von der Lichtgeschwindigkeit gewusst hätte. Und der Entfernungsmessung in Lichtjahren, da in diesem Begriff ja wirklich Raum und Zeit zusammenfallen, nämlich zu der Raumzeit, die das Sonnenlicht in einem Jahr durchquert. Von der Sonne zur Erde braucht es beispielsweise acht Minuten und 19 Sekunden. Ein Klacks.

Nun habe ich gelesen, dass Astronomen im All einen mit Leben ausgestatteten Planeten entdeckt haben wollen. Wow! Wir sind nicht mehr allein im All mit unserer (noch) bewohnten Erde: Wir haben irgendwo Brüder und Schwestern im funkelnden Sternenhimmel.

Allerdings sind sie uns nicht schrecklich nah, nicht wie die grünen Marsmännchen, auf deren Heimatplaneten wir nach Bakterien suchen, weil auch unsere Erde, wenigstens die ersten drei Milliarden Jahre, ebenfalls nur von Bakterien belebt war. Schrecklich für die armen Bakterien, die auf allen Viren krochen, weil sie keinen Menschen zum Anstecken hatten – Milliarden Jahre lang.

Wenn ich richtig gelesen habe, ist diese zweite, extraterrestrische Erde mehr als 20 Lichtjahre entfernt. Das sind einige Billionen Kilometer. Oder Meilen oder so. Die Billionen deutsch, nicht englisch gerechnet. Hätte ich dort, beim roten Zwergstern Gliese 581, eine Freundin, würde mein Anruf zu ihr schätzungsweise 20 Jahre dauern, der Rückruf dito. Na ja, und eine Reise vielleicht 1000 Jahre. Und das ohne Deutsche-Bahn-Verspätung.

Wenn ich so etwas lese, fange ich ohnehin an, Raut und Zeim, Reim und Zaut zu verwechseln. Ein Lichtjahr ist übrigens 9,4605 mal 10 hoch 12 Kilometer. So viel Zeit muss sein! Oder Raum. Oder beides.

Rauchzeichen von Helmut Schmidt

Über den Altkanzler, der hartnäckig gegen den Zeitgeist anqualmt

3. Juni 2007

Rauchen?! Igitt! Pfui Deibel! Inzwischen wurde sogar der Tag des Nichtrauchens zelebriert und exekutiert. Ich fuhr im Zug, ein bekehrter erst Zigaretten- und dann Zigarren-Saulus, dem inzwischen der Gedanke an Rauch Übelkeit verursacht, sodass ich sofort die nächste Toilette aufgesucht hätte, wären nicht alle besetzt oder gesperrt gewesen. Im Bistro hatte morgens um halb elf eine laute Männergruppe die Theke buchstäblich bierleer getrunken, teils aus Verzweiflung, dass hier das Rauchen verboten war, teils, weil der Computer ihre Platzkarten allesamt durcheinandergebracht hatte. In der Zeitung Bekenntnisse von Ehemaligen, unter anderen Ulla Schmidt, wie sie sich das Rauchen und die Gesundheitsreform abgewöhnt hatte. Oder von Sigmar Gabriel, der nur noch aus dem Auspuff seines pferdestarken Dienstwagens raucht.

In einer Illustrierten droht Minister Seehofer an, er habe Dossiers über seine CSU-Rivalen, die nach der Zeugung unehelicher Kinder auch noch geraucht hätten. Bekanntlich ist, nach dem Uralt-Slogan, die Zigarette »danach« die »schönste meines Lebens«. Er wolle sie aber beileibe nicht veröffentlichen! Noch nicht, das könnte er schwören!

Gott sei Dank musste ich umsteigen. Und was sah ich da? Den markantesten Kopf unserer markanten Altkanzler, bei dessen Anblick man unwillkürlich seine Stimme schneidig hanseatisch knarzen hört, etwa: »Butter bei die Fische!« Und was macht der große Helmut Schmidt? Er, dessen Miene immer noch ausdrückt, dass er die Fluten dämmen könnte, wenn denn die Umweltkatastrophe zuschlüge, wieder einmal? Er hält auf einem riesigen Plakat Zeigefinger und Mittelfinger gespreizt wie zum Victoryzeichen, und was hält er dazwischen, während er den Betrachter väterlich streng und gütig zugleich anblickt? Eine, oh Gott, igitt, Zigarette, noch dazu eine mit Menthol, höchstwahrscheinlich. Und darunter steht nicht etwa, dass Rauchen zu Tod und Verwesung führt. Nein! Darüber steht Leben! Leben! Nicht sterben! Und um das Plakat drückten bekümmerte Gestalten in der Raucherecke des Bahnhofs ihre Kippen in einen Blechnapf. Leben! Helmut Schmidt wirkte wie ein Rauchzeichen aus einer vergessenen Welt. Auch ich dachte, Paulus, der ich bin, wer so raucht, der schnupft auch. Und ist doch alt und weise geworden. Und würde, wie er zwischen zwei Lungenzügen verlauten ließ, den G8-Gipfel, den er als G6-Gipfel erfunden hat, in den Bergen verbringen. Oder qualmend auf einer Insel.

Glücklich ist, wer vergisst!

Erinnern an den österreichischen Bundespräsidenten Kurt Waldheim

Im Jahr 1986 besuchte ich Billy Wilder zu seinem 80. Geburtstag in Beverly Hills. Der in Galizien (Österreich) geborene, in Wien aufgewachsene, aus Berlin über Paris nach Hollywood emigrierte Filmemacher, Drehbuchautor und Regisseur, der ein wienerisch gefärbtes Amerikanisch sprach, hatte aus Heimweh nach Wien Anteile an einem Gartenlokal in Hollywood, wo es Würstel, Knödel und Sauerkraut, Tafelspitz und Gulasch gab. Er protegierte den ebenfalls aus Österreich stammenden Wolfgang Puck (Koch und Chef des weltberühmten »Spago«), von dem er spöttisch-zärtlich sagte, er sei der zweite geniale Wolfgang aus Österreich – nach Mozart. 1986 war der 80-Jährige nicht so gut auf seine Geburtsheimat zu sprechen. Da nämlich hatten die Österreicher Kurt Waldheim, den ehemaligen Generalsekretär der Vereinten Nationen, zum Bundespräsidenten gewählt – trotz seiner Nazi-Vergangenheit, die eben ans Licht gekommen war – oder wegen ihr, wie zum Trotz.

Erbost über seine früheren Landsleute, spottete Wilder: »Die Österreicher haben nach 1945 das Kunststück fertiggebracht, aus Hitler einen Deutschen und aus Beethoven einen Österreicher zu machen.« Der Erstere bekanntlich in Braunau am Inn geboren, der Musiktitan in Bonn am Rhein. Dann, als Waldheim 88-jährig in Österreich starb, war er längst dem Vergessen anheimgefallen, das er seiner Nazi-Vergangenheit im Krieg hatte angedeihen lassen. Die Waldheimer-Krankheit, spöttelte Wilder in Anspielung auf Alzheimer. Damals hatte der österreichische Kanzler Fred Sinowatz mit komischer Verzweiflung gesagt: »Ich nehme zur Kenntnis, dass nicht Waldheim in der SA war, sondern nur sein Pferd.« Im Waldheim-Skandal war die Nachkriegslebenslüge Österreichs aufgeflogen, sich als erstes Opfer Hitlers aufzuspielen – eine Geschichtsklitterung, die später in Thomas Bernhards Stück »Heldenplatz« am Burgtheater noch einmal für helle Aufregung sorgte.

Waldheim durfte übrigens nie mehr nach New York einreisen, wo er als UN-Generalsekretär amtiert hatte. Und viele in Deutschland, die sich damals mit der Teilung »bestraft« fühlten, betrachteten die Affäre mit Schadenfreude: Denn die Österreicher, längst vereint, variierten in friedlicher Neutralität ihr altes Habsburg-Motto: »Tu felix Austria! Kriege mögen andre führen, du, glückliches Österreich, vergiss und verdränge!«

Der Schiefe Turm von Kassel

Wie der Klimawandel Kunst hervorbringt

24. Juni 2007

Die Kasseler »Documenta«, die im Fünf-(bzw. Vier-)Jahres-Rhythmus als vorwiegend größte Skulpturen- und Environment-Show in Deutschland stattfindet, hat mit zwei spektakulären Ereignissen, bei denen Kunstwerke entfernt oder zerstört wurden, wie mit einem Trommelwirbel und einem Donnerschlag angefangen.

Zuerst wurde ein Kunstwerk der Chilenin Lotty Rosenfeld polizeilich entfernt: weiße Kreuze, die sie auf die Straße geklebt hatte. Es ist dies eine Zensur, die Tradition hat und im Bestreben nach Sauberkeit und Ordnung ihre Motivation findet. Wie jene eifrigen Putzfrauen, die die Fettecken und fettigen, ranzigen Badewannen von Joseph Beuys in hygienischem Furor entfernten, so hat die Polizei aus Verkehrssicherheit Rosenfelds weiße Kreuze von der Straße entfernt. Sehr zur Freude der Künstlerin, die sich von dieser zensuralen Unterdrückung ihrer Kunst einen größeren Aufmerksamkeitswert verspricht (die beseitigten, vorher fotografierten Kreuze sind in aller Welt zu sehen), nicht ganz den von Salman Rushdie, aber immerhin.

Das Zweite: Aus alten Fenstern und Türen verfallener oder abgerissener Häuser, die dem Bauboom in China zum Opfer fielen, hat der Pekinger Architekt (es handelt sich sozusagen um die Abfälle seiner Aufbauarbeit) eine zwölf Meter hohe Skulptur errichtet, die jetzt bei einem gewaltigen Gewitter der gleichsam subtropischen Stürme in sich zusammenfiel. Auch Ai Weiwei (nomen est omen) freut sich, denn die zerborstene Ruine sieht imposanter und wirkungsvoller aus. Und wurde flugs von dem Künstler als auf der »Documenta« dokumentierte Auswirkung der sich anbahnenden Klimakatastrophe gedeutet. Sie gehört also in eine Reihe mit dem der Bildungskatastrophe um Jahrhunderte vorauseilenden Schiefen Turm der PISA-Studie. Oder auch zur Ruine der Gedächtniskirche. Immerhin ist die Ai-Weiwei-Ruine das erste Kunstzeugnis des Klimawandels. Der große Max Liebermann soll einmal angesichts des Bildes eines von ihm nicht geschätzten Kollegen gesagt haben: »Det piss ick Ihnen in den Schnee!« Das könnte bei der Erderwärmung in Deutschland bald wirklich ein Kunststück werden. Jetzt schon steht im Karl-Valentin-Museum in München ein Eimer mit Wasser, beschriftet mit dem Titel: Geschmolzener Schneemann! Auch hier dokumentiert sich ein prophetisch dem Klimawandel vorauseilender Geist!

Mit 17 hat man noch Träume

Über Marco W., Martin W. und das Jungsein in verschiedenen Zeiten

8. Juli 2007

»Mit 17 hat man noch Träume«, sang Peggy March in den 60er-Jahren, und dieser nostalgisch seufzende Schlager ist mir eingefallen, als ich mehr Melancholisches in den Zeitungen und Zeitschriften las, als bei dem regnerischen Wetter bekömmlich war.

Ich las von Marco W., einem 17-jährigen Deutschen, der in der Türkei am blauen Mittelmeer erst einen feuchten, alkoholisierten Traum mit einer jungen Engländerin hatte, der sich dann zu einem Albtraum wegen Vergewaltigung einer 13-Jährigen ausgeweitet hat.

Mit 17, so las ich andererseits von dem 1944 17-jährigen Martin W., soll W. von einem übereifrigen HJ-Führer am Bodensee in die NSDAP eingetreten worden sein, wovon er nicht im Geringsten träumte. Hinter seinem Rücken sozusagen.

Beide Geschichten von 17-Jährigen zeigen, dass Jungsein in verschiedenen Zeiten verschieden schwer ist. Ich jedenfalls habe mir mit 17 im Jahr 1951 von keiner Engländerin vorflunkern lassen können, sie sei schon 15. Ich lebte in der DDR, Stalin lebte auch noch, mein Gymnasium hieß nicht mehr »Carolinum« sondern »Karl Marx Oberschule«, Lafontaine hätte seine helle Freude gehabt. Statt im Mittelmeer badete ich mit 15-Jährigen in der Leuna-verseuchten Saale. Und auch in die NSDAP hätte mich, Gnade der späten Geburt, niemand schieben können.

Stattdessen trat ich mit 17 freiwillig, wenn auch unter beratendem Druck meiner Schule, in die FDJ ein, weil ich sonst kein Abitur hätte machen können, wie gesagt, Stalin, Ulbricht lebten noch. Ich werde FDJ-Kassierer, dachte ich, da muss ich nicht so politisch dröhnen. Ich träumte aber davon, nach dem Abi in den Westen »abzuhauen«, die Mauer gab es, Gnade der frühen Geburt, noch nicht. Ich träumte von Camel-Zigaretten, Cola, Kaugummi, einem Studium im Westen und einer amerikanischen Aussprache wie der des von mir geliebten Frank Sinatra.

Manche Träume des 17-Jährigen gingen in Erfüllung. Nur meine englische Aussprache ist nicht die Sinatras, sondern die eines belorussischen Emigranten. Ich durfte nämlich nicht mit einem Fulbright-Stipendium in die USA einreisen. Die CIA war dagegen. Weil nämlich in meinem Abi-Zeugnis stand, dass ich für meine Leistungen mit einem Band von Stalins Werken ausgezeichnet worden sei. Ausgeträumt der Traum von meinem Brooklyn-Akzent!

Sterben oder aussterben

Über den spanischen Stierkampf – Ein rotes Tuch für Tierfreunde

29. Juli 2007

Eine der letzten Bastionen des alten Spanien und damit des Machismo soll geschleift werden: die Stierkampfarena, in der pro Corrida drei Toreros als Matadore je zwei Stiere erst mit dem roten Tuch herausfordern, um sie am Ende mit einem elegant platzierten Degenstich zu töten. 1987 wurden auf diese Weise 30 000 Stiere vor einem begeistert »Olé!« rufenden Publikum »geschlachtet«, so die Gegner, im »Zweikampf besiegt«, so die Aficionados, die Anhänger der Tauromachie, des Stierkampfs, der große Befürworter hatte wie die Kunstgiganten Goya und Picasso, den Schriftsteller Hemingway oder den Filmemacher Almodóvar.

In Barcelona ist es jetzt bei einem Stierkampf zu heftigen Protesten gekommen. Hier mischt sich in den Tierschutzprozess der katalanische Protest gegen den kastilischen Zentralismus.

Stierkampffreunde führen an, dass auch andere Rindviecher, zudem zu Ochsen kastriert, im Schlachthof einen viehischen Tod sterben, während Stiere bis zum Kampf auf Spaniens schönsten Weiden ein freies, fröhliches Leben führen.

Allerdings findet der Tod im Schlachthaus nicht wie der Stierkampf – der auf eine der ältesten Europa-Mythen, den vom Minotaurus auf Kreta, zurückgeht – vor den Augen eines Publikums statt, sondern heimlich versteckt. Soll also etwa der Mensch vor seiner sadistischen Schaulust geschützt werden und nicht der Stier vor seinem Tod? Außer bei McDonald's-Gegnern, die die Umwelt insgesamt vor rülpsendem Hornvieh bewahren wollen, ist das wohl so.

Menschenschutz also? Dazu passt die Geschichte von dem Feinschmecker, der sich wie üblich nach der Corrida Stierhoden einverleiben wollte – denen aphrodisierende Kräfte zugeschrieben werden. Er bekam das Gericht und staunte, wie zierlich sich das gesottene Paar auf dem Teller ausnahm. Als er den Ober fragend anblickte, zuckte der mit den Achseln und sagte: »Nicht immer gewinnt der Torero!« Für den Kampfstier aber gilt: Sterben oder aussterben, das ist hier die Frage!

Neues vom Planeten der Menschenaffen

Auf den Spuren der Evolution

12. August 2007

Ach, Darwin! Vorbei die Zeiten, da wir dem Affen Zucker gaben, damals, als der elfjährige Sohn aus der Schule kam und zu seinem Vater sagte: »Du, Papa! Der Biologielehrer hat uns heute beigebracht, dass wir vom Affen abstammen!« Und der seinem Filius ärgerlich antwortete: »Du vielleicht! Ich nicht!«

Heute ist alles viel komplizierter. Das Archäologenpaar Meave und Louise Leakey (nicht Vater und Sohn, sondern Mutter und Tochter) hat in Kenia den Oberkieferknochen eines Homo habilis gefunden, der 1,44 Millionen Jahre alt ist. Da Archäologen bisher glaubten, wir stammten als Homo erectus (deutsch: der aufrechte Mann) vom Homo habilis (deutsch: der leicht zu händelnde Mann) ab – also erst handzahm, dann aufrecht –, kommt diese Theorie zeitlich ins Wanken. Denn jetzt sieht es so aus, als hätten der Aufgerichtete und der Geschickte 400 000 Jahre nebeneinanderher gelebt. In Kenia, 400 000 Jahre, wie ein ganz altes Paar! Und wer nebeneinanderher lebt, kann nicht voneinander abstammen. Wem sagen die Forscherinnen das! Affig, das Ganze!

Da halte ich mich doch lieber statt an die Darwin-Realos an die Bibel-Fundis. Die nämlich wissen, dass Gott die Menschen nicht vor 1,44 Millionen Jahren und auch nicht vor 1,8 Millionen Jahren geschaffen hat, sondern vor ziemlich genau 4000 Jahren, exakt in einer Woche – sechs Tage plus ein arbeitsfreier Sonntag –, mit allem Drum und Dran, Erde und Mensch aus dem Stand, ohne Experimente. Und nicht erst den Stammvater Australopithecus, der zwar vor drei Millionen Jahren gelebt habe und schon aufrecht gehen konnte, aber die Hirngröße eines Schimpansen hatte.

Wenn allerdings die Erde vor 4000 Jahren in null Komma nix und ohne Evolution der Oberkieferknochen fix und fertig da war und der Mensch mit ihr, zwar nackt, aber picobello mit weiblicher Hochrippe plus Feigenblatt, warum finden dann Archäologen beim Ausgraben keine Klimaanlagen, Kraftwerke, Landrover und keine Freud-Couch? Und warum datieren sie das Verfallsdatum um mehrere Millionen Jahre zurück? Vielleicht, weil sie uns einfach zum Affen machen wollen.

Strammer Max auf dem Fünfmeterturm

Über Macho-Erfahrungen im Urlaub in Spanien

2. September 2007

Eine Woche der Machos. Zuerst als Urlaubslektüre den großen, ja großartigen Roman »Karlmann« von Michael Kleeberg gelesen. Schon der Vorname des Helden, Karlmann, den er allerdings nie gebraucht und gegen Charly eingetauscht hat, ist purer Machismo, eine Mischung aus Kerl und Mann, so wie das Buch eine unwiderstehliche Mischung aus Erzählkunst und Reflexion ist – kein Wunder, der Autor ist als Übersetzer bei Proust in die beste Schule gegangen.

Der Kerl, ein sympathisch-unsympathischer Aufreißer, ruiniert seine Ehe, weil er seine Frau seelisch wie körperlich verhungern lässt. Sie hat Höheres im Sinn, als Fotografin; ihm schenkt sein Vater ein Autohaus in Norderstedt. Er ist geil, Skatklopper und Saufkumpan, besteigt ungeniert alle Frauen, die auch so geil sind, während er die eigene zum edlen Wunschbild verklärt. Kein Wunder, dass sie ihm mit ihrer Chefin, einer Fotografin, durchbrennt.

Darauf ändert er sein Leben radikal, lässt Beruf und Hamburg mitsamt Bundesliga und HSV hinter sich und fährt, völlig am Boden zerstört, nach Frankreich, um sein Leben zu ändern: Schafft er das? Lesen Sie selbst. Man könnte den Autor übrigens einen Verräter aus der Machowelt nennen, der all unsere Nichtgeheimnisse schamlos ausplaudert.

Unterwegs in Spanien fiel mir die »Bild«-Zeitung in die Hände. Mit einem Test: »Sind Sie ein Macho?« A, B oder C. Wenn man C antwortete, war man einer, aber was für einer! Nach dem Schema: Wenn Ihre Frau Sie betrügt, suchen Sie dann, A, die Schuld bei sich (Weichei!), versuchen Sie, B, sie zur Rückkehr zu gewinnen, oder schmeißen Sie sie, C, hochkant raus? Ich hab aus Spaß immer C geantwortet, den strammen Max gespielt. Unter anderem, dass ich, C, mit einem Köpper vom Fünfmeterturm springe. Großes Gelächter meiner Familie! Gott sei Dank war am Pool kein Sprungturm. Ich musste also nur vom Rand kopfüber ins Becken und hatte den ganzen Tag Wasser im Ohr.

Dann las ich im »Spiegel« folgenden Satz von Maxim Biller über Woody Allen: »Woody Allens Filme sind gar nicht so schlecht, vor allem, wenn ich sie mit meiner neuen 20-jährigen Freundin auf DVD in meinem Schlafzimmer gucke!« Wow! Biller, 47, ein strammer Max oder ein armes Woody-Allen-Würstchen.

Vom ungleichen Kampf Mann gegen Mücke

Über die Folgen der Klimaerwärmung
und schmerzliche Urlaubserlebnisse,
die man gern verdrängt

9. September 2007

Weil die Mückenplage 2007 in Deutschland offensichtlich der Kälte und der Wespeninvasion gewichen ist, kann ich berichten, dass ich den Mückenhorror als Folge der Klimaerwärmung in Südfrankreich mit voller Kraft im Landhaus meines Schwagers, der Weinbauer im Var ist, zu spüren bekommen habe.

Übermüdet kamen meine Frau und ich am Abend auf der Flucht vor den spanischen »mosquitos« bei ihm an, bekamen ein naturkühles Zimmer, und ich freute mich auf eine geruhsame Nacht. Nix da! In der Nacht hörte ich den sirenenhaft singenden, globalen Ton einer provenzalischen »moustique«, wachte in Panik auf und konnte nicht schlafen und nichts tun, da meine Frau selig neben mir, nein, nicht schnarchte, sondern schlief.

Vier Stunden lang hörte ich das hohe Singen der (weiblichen) Mücke und das selige Atmen meiner Frau – und eines war des anderen Feind, denn um die Mücke zu bekämpfen, hätte ich Licht anmachen müssen und hätte so meine Frau, wie sie es nennt, »rücksichtslos« geweckt. Also opferte ich mich meiner Verzweiflung.

Am nächsten Morgen besprach ich das Problem mit meinem Schwager. Er drückte mir (wir verkehren über Mücken auf Englisch) mit den Worten »It's very simple! It's very easy!« eine große Sprayflasche Mückentod und eine zweite kleine mit Mückenparfüm »Mouche Cologne« in die Hand. »When you hear the mosquito …, wenn du die Mücke hörst, machst du das Licht an, und ›pfffft‹ ist sie tot.«

Aber das Lichtanmachen war ja mein Problem. Und mir fiel ein, dass ich 1970 auf Kreta mit meiner damaligen Partnerin in einem Bungalow nächtigte. Um das Duschloch in der feuchten Rinne nisteten die Mücken. Auch sie atmete damals selig, während ich in Panik vom Sirren einer Mücke aufwachte. Also stand ich um 3.40 Uhr auf und taumelte durch die kretische Nacht dem Morgen entgegen.

Das sind Urlaubserlebnisse, die man gern vergisst oder verschweigt wie krähende Hähne oder knatternde Rasenmäher. Der Mann ist Verlierer gegen die Mücken. Nur die weibliche Mücke sticht mit ihrem Rüssel offenbar nur den männlichen Mann! Das würde ich Eva Herman mit meinem zerstochenen Zeigefinger gern hinter die Ohren schreiben. Doch ich will daraus keinen Elefanten machen, Rüssel hin oder her.

Müntefering und die Zehn Gebote

Zum Streit über Arbeitslosengeld und zu Seitensprüngen von Politikern

Kürzlich hat Gerhard Schröder, der Ex von Franz Müntefering, seinem einstigen Knappen beim Streit über das verlängerte Arbeitslosengeld kräftig eine vor den Latz geknallt: Die Agenda 2010 seien keine Zehn Gebote, und Münte sei kein Moses. Da war ich doch sehr erschrocken. Nicht darüber, ob der Altkanzler seinen Ehemaligen in aller Öffentlichkeit in den Hintern tritt oder sich selbst ins Knie schießt. Das sollen die doch unter sich ausmachen.

Sondern ich dachte, um Gottes willen, was weißt du über den Dekalog, die Zehn Gebote? Und wie hältst du es damit? Die sogenannte Gretchenfrage. Das war am Berg Sinai, beim Exodus aus Ägypten (2. Buch Moses), als Moses seinem Volk die Gesetztafeln mit den Zehn Geboten herunterbrachte.

Unruhig überlegte ich: Gegen welches Gebot verstoßen ich und mein Bäcker jeden Sonntag? Ich schlug nach. Nein, nicht gegen das Rauchverbot, sondern gegen das dritte, gegen »Du sollst den Sabbat heiligen«. Und gegen welches hat James Bond sogar eine königliche Lizenz? Das schwierigste Gebot allerdings ist das sechste, dem das neunte vorangeht oder folgt, je nachdem. Es geht um Begehren und Brechen auf Biegen und Brechen. Mancher könnte, wenn er wollte, davon ein Lied singen. Und Sarkozy oder Schröder und Hartz und Verheugen und Seehofer und et cetera haben es auch lauthals gesungen.

Deshalb gibt es die unfromme Legende, dass Moses, als er herabstieg, dem Volk Israel verkündete, er habe eine gute und eine schlechte Nachricht. Die gute, er habe IHN auf zehn Gebote herunterhandeln können. Die schlechte: ER habe aber auf dem sechsten Gebot bestanden.

In Hollywood, zur Zeit der Bibelverfilmungen, grassierte eine andere Legende über die Gebote und die daraus resultierende Sittenlehre: Am Himmel steht eine kilometerlange Schlange. Da werden die weißen und die schwarzen Schafe geschieden. Plötzlich sehen die am Ende Stehenden, wie vorne Jubel ausbricht. Wildfremde Menschen hüpfen in die Luft, werfen die Hüte hoch und umarmen einander, bis es sich wie ein Lauffeuer verbreitet: »Sex doesn't count!« (Seitensprung zählt nicht.)

Da wollen doch auch wir nicht päpstlicher sein als der Papst.

Die Liebe und der Suff

Über peinliche Auftritte betrunkener Staatsmänner

4. November 2007

Die schwedische Staatssekretärin Ulrica Schenström, die Architektin und Schlüsselfigur der konservativen Regierung von Fredrik Reinfeldt, musste zurücktreten. Oder, wie es bei einer Agentur heißt, »ihren Hut nehmen«. Was war passiert? Schenström hatte bei einem Essen, oder besser, einem Trinken mit einem TV-Journalisten 19 Glas Wein in sich hineingeschüttet und den Mann sodann »leidenschaftlich« (so die Meldung) geküsst.

Alter Schwede bzw. junge Schwedin! Nach 19 Gläsern Wein – das erinnert ja fast an den Schwedentrunk im Dreißigjährigen Krieg – leidenschaftlich küssen! Mannomann! Da ist man doch normalerweise schon froh, wenn man noch den Mund trifft. Aber Ulrica ist natürlich rothaarig! Und wie sagt der Volksmund, solange er nüchtern spricht: »Die Liebe und der Suff. Das reibt den Menschen uff!« Besonders, wenn noch die Politik dazukommt.

Hatte nicht Sarkozy in Heiligendamm mit glasiger Stimme und lallendem Blick, eher voll bis zum Stehkragen, eine Pressekonferenz gegeben und anschließend andeuten lassen, Putin habe ihm K.-o.-Tropfen in den Wodka getan? Von wegen! Aus Liebeskummer zu Cécilia hat er wahrscheinlich seinen Rüssel zu tief ins Glas getunkt.

Denken wir an Strauß, Franz Josef selig. Der kannte sich selbst nicht mehr, wenn er Huren vor dem »Plaza« traf, die dem vom Biergenuss Wehrlosen den Reisepass klauten. Den deutschen Reisepass! Da hört für den Patrioten der Spaß auf. Oder Jelzin, der aus Liebeskummer um Russland so viel trank, dass er nie wusste, auf welchem Flughafen er gerade war, Reykjavík oder Wladiwostok. Oder nehmen wir Ex-Kanzler Schröder. Wie er in der Wahlnacht Merkel zur Bundeskanzlerin hochpöbelte. Nachher sollte es, so eine Macho-Version, Testosteron gewesen sein. Wille zur Macht! Von wegen! Wein, Schnaps und Bier waren es.

Wie bei dem Mann, der um vier Uhr morgens polternd nach Hause kommt, sodass seine Gattin vor ihm steht: »Wo warst du?« Und er gesteht: »Ich habe eine Freundin. Bei der war ich!« Worauf die Frau verächtlich sagt: »Du Angeber. Du warst wieder mit deinen Kumpels kegeln und saufen!«

Solange es in der Familie bleibt ...

Über Vetternwirtschaft und Familienbindungen. Eine Lappalie

Fremdwörter sind bekanntlich Glückssache. Letzte Woche, auf einer Reise durch ein oberrheinisches Duodezland, dessen Hauptstadt früher »Mainz, wie es singt und lacht« hieß, fragte mich ein Mann in der Regionalbahn, die an diesem Tag zufällig fuhr und nicht bestreikt wurde, was wir in Norddeutschland unter einer Lappalie verstünden.

Warum er das wissen wolle, fragte ich zurück, und er erzählte mir eine Geschichte. In seinem Heimatländle habe kürzlich ein Mädchen im heiratsfähigen Alter ihrem Vater gestanden, dass sie sich in einen jungen Mann verliebt habe, der zwar aufstrebend, aber mittellos sei.

»Hmm«, habe der Vater gesagt und bedenklich mit dem Kopf gewackelt. »Und du willst ihn heiraten?« »Wenn er es zu etwas bringt, schon«, antwortete die Tochter und errötete. »Und ich habe gedacht, da du doch Minister bist, dass du den Leut' und meinem Kurt (Name geändert) helfen könntest. Er ist nämlich bei einer Werbeagentur, und ihr macht doch eine Werbekampagne. Und da habe ich gedacht ...« »Kind, Kind«, habe der Vater geseufzt, »du hast Vorstellungen von der Demokratie!«

Aber dann siegte das Vaterherz, und er schanzte dem Schwiegersohn in spe den Auftrag unter Umgehung der Ausschreibung zu. Und als das dann rauskam – die beiden Kinder waren inzwischen verheiratet –, schrie die Opposition Zeter und Mordio. Der Landesvater Kurt (Name nicht geändert) aber nannte das eine »Lappalie«.

»Weil«, sagte ich, »weil der Landesvater auch bundesweit für menschliche Nähe und Wärme wirbt und dafür, dass man auch im Kleinen eine Solidargemeinschaft bilden soll. Wir im Norden nannten das ›Petitesse‹, jedenfalls, wenn der Betrag unter 500 000 Euro lag. Eine eher bescheidene Mitgift.«

»Und was ist mit der Vetternwirtschaft, der Korruption, der Vorteilsnahme im Amt, dem Nepotismus?«, fragte mein Gegenüber.

»Na ja, genau genommen waren die beiden noch nicht verwandt und verschwägert. Oder es war Gefahr im Verzug. Ohne das Geld wäre die Heirat geplatzt«, sagte ich.

Wie meinte doch der Hollywood-Tycoon Sam Goldwyn einst: »Gegen Nepotismus ist nichts zu sagen, solange er in der Familie bleibt.«

Ein Wort ist nur ein Wort

Über Wörter des Jahres und ihre Bedeutung für die Stimmung der Zeit

Als vor einiger Zeit in Potsdam die Klimakonferenz der wissenschaftlichen Koryphäen stattfand, stellte einer der Referenten dem Auditorium zwei Fragen, die man akklamatorisch beantworten sollte. Er bat seine Zuhörer, den Arm zu heben, falls sie in dem Gefühl lebten, es gehe ihnen besser, wirtschaftlich, sozial, gesundheitlich, psychisch, als der Generation ihrer Väter und Großväter. Eine deutliche Mehrheit streckte die Arme zustimmend nach oben.

Dann fragte der Redner dasselbe Auditorium, ob sie für ihre Kinder- und Enkelgeneration das Gleiche glaubten. Wird es ihnen besser als uns gehen oder weniger gut? Diesmal votierte eine sehr große Mehrheit dafür, dass sie der Überzeugung wäre, unseren Kindern und Kindeskindern würde es weniger gut gehen. Das ist, wohlgemerkt, keine Frage nach Zeitfakten, sondern nach Zeitstimmungen und Zeitgefühlen. Die Zukunftsängste sind heute ähnlich stark und groß wie zu den Zeiten des Kalten Kriegs, als der Minutenzeiger der Atomuhr immer näher auf die Zwölf zurückte. Diese Katastrophe ist (schieben wir ein ängstliches »bis jetzt« ein) ausgeblieben.

Nun hat eine Jury der Gesellschaft für Deutsche Sprache eben das Wort des Jahres 2007 gekürt. Wohlgemerkt: das Wort! Nicht das Unwort! Und es heißt Klimakatastrophe.

Einfach so: ohne das Adjektiv »drohende« oder gar »abzuwendende«. Vergleichen wir das mit den Worten der zwei vergangenen Jahre, zeigt sich die Änderung. 2006 war das freundliche »Fanmeile« das Wort. Der allzu warme Fußballsommer war noch ein Zeichen der Freude, nicht des Unbehagens.

Und im Jahr davor? Das Wort hieß »Bundeskanzlerin«. Einigen, vor allem einem Amtsvorgänger, klang es sicher nicht angenehm in den Ohren. Aber für alle anderen war es weniger als eine Katastrophe.

Davor ging es bei den meistgebrauchten Vokabeln nicht ganz so harmonisch zu. Es gab den »Teuro«, also die Euro-Inflation. Es gab den »11. September«, also das Fanal des islamistischen Terrorismus. Und die »schwarzen Kassen«, die den Kanzler der Einheit seine Reputation kosteten. Aber Weltuntergangsszenarien, gar auf Klimaebene, waren all die schwarzen Worte beileibe nicht.

Und das Wort des Jahres 2007, »Klimakatastrophe«, ist auch nur ein Wort.

Die falschen Terrakotta-Krieger

Warum man im Umgang mit Kunst aus Asien vorsichtig sein sollte

Zum ersten Mal hörte ich von der chinesischen Kultur und fernöstlichen Weisheit, als mein Onkel, der nach der amerikanischen Kriegsgefangenschaft in Metzingen (heute »Boss«-Stadt und Hauptstadt der Schnäppchenkultur) geheiratet hatte, zum Klavierspiel meiner Tante sang: »Und wenn uns Chinesen das Herz auch bricht: Wen geht es was an? Wir zeigen es nicht!« Um dann mit der Bemerkung »tiefste Weisheit des Ostens!« in den Refrain auszubrechen: »Immer nur lächeln, und immer vergnügt! Immer zufrieden, wie's immer sich fügt!«

Erst später sollte ich erfahren, dass das nicht Laotse, sondern Lehár war. 1982 war ich zum ersten Mal in China, in Hongkong. Dort sah ich, dass die Chinesen Wolkenkratzer mit Gerüsten aus Bambussprossen bauten, englisch uniformierte Polizisten hatten und Linksverkehr. Lehárs »Land des Lächelns« hätten sie, wenn überhaupt, »Rand des Röchelns« ausgesprochen, und zum Verkehr fiel mir Ernst Jandls Gedicht ein: »Lechts und rinks / Kann man nicht velwechsern / Werch ein Illtum!« Das sollte sich das Hamburger Völkerkunde-Museum hinter die Ohren beziehungsweise Röffel schreiben!

In Hongkong kam ich auch mit dem ersten Terrakotta-Kunstwerk in Kontakt. Es hieß »Beggar's Chicken«, war in Lehm gebacken und verströmte, wenn man es aufhämmerte, einen betörenden Duft: »Glück für die ganze Familie. Sieben Glückseligkeiten!« Dann fuhr ich mit der überfüllten Fähre nach Macao, dort war das alte China angesagt. In den Gassen spielten Menschen den ganzen Tag Mah-Jongg, tranken Tee, lächelten hintergründig. Und man aß vergrabene faulige Eier, die noch aus der Ming-Dynastie (1368–1644) stammten.

Da erwachte bei mir, meiner Frau und unseren Freunden die Kunstleidenschaft, und wir kauften eine alte Vase, schön bunt bemalt, und zwei türkis lackierte glänzende Elefanten als Buchstützen. Stolz schleppten wir die sorgsam verpackten Kunstwerke umständlich durch den Zoll nach Deutschland.

Hier entdeckten wir, dass wir die Lackierten waren, dass unsere Kunst »made in Taiwan« in jedem Kaufhaus für damals 12,80 Mark zu kaufen war. Wir schämten uns stumm, viele Jahre. Heute kann ich dem Völkerkunde-Museum in Hamburg, das auf nachgemachte alte Chinesen reingefallen ist, nur ermunternd zurufen: »Immer nur lächeln!«, beziehungsweise »Immer nur röcheln!« Oder, wie das Sprichwort sagt: Wer den Wagen hat, braucht für den Schrott nicht zu sorgen!

»Also sehen wir betroffen,
den Vorhang zu und alle Fragen offen.«

Marcel Reich-Ranicki nach Bertolt Brecht